"十三五" 国家重点出版物出版规划项目

中国经济治略丛书

感谢国家自然科学基金重点项目（72033007）、
国家自然科学基金面上项目（71873107）、
安徽省哲学社会科学规划青年项目（AHSKQ2020D66）、
安徽省高校领军骨干人才团队项目对本书出版的资助

中国消费舒适物、劳动力流动与城市发展研究

Research on Consumer Amenities, Labor Mobility and Urban Development in China

武优勐　著

中国财经出版传媒集团

经济科学出版社
Economic Science Press

图书在版编目（CIP）数据

中国消费舒适物、劳动力流动与城市发展研究／武优劢著. —北京：经济科学出版社，2022.5
（中国经济治略丛书）
ISBN 978 - 7 - 5218 - 3665 - 3

Ⅰ. ①中… Ⅱ. ①武… Ⅲ. ①消费文化 - 研究 - 中国
②劳动力流动 - 研究 - 中国 ③城市发展 - 研究 - 中国
Ⅳ. ①D669.3 ②F249.21 ③F299.2

中国版本图书馆 CIP 数据核字（2022）第 078881 号

责任编辑：王红英
责任校对：齐　杰
责任印制：王世伟

中国消费舒适物、劳动力流动与城市发展研究
武优劢　著

经济科学出版社出版、发行　新华书店经销
社址：北京市海淀区阜成路甲 28 号　邮编：100142
总编部电话：010 - 88191217　发行部电话：010 - 88191522
网址：www.esp.com.cn
电子邮箱：esp@esp.com.cn
天猫网店：经济科学出版社旗舰店
网址：http://jjkxcbs.tmall.com
北京季蜂印刷有限公司印装
710 × 1000　16 开　10.25 印张　200000 字
2022 年 5 月第 1 版　2022 年 7 月第 1 次印刷
ISBN 978 - 7 - 5218 - 3665 - 3　定价：55.00 元
（图书出现印装问题，本社负责调换。电话：010 - 88191510）
（版权所有　侵权必究　打击盗版　举报热线：010 - 88191661
QQ：2242791300　营销中心电话：010 - 88191537
电子邮箱：dbts@esp.com.cn）

前　言

　　消费舒适物（consumer amenities）理论是后工业化阶段城市发展的一个新理论。该理论强调城市的消费功能，认为舒适物是影响高素质人才流动的重要因素，是驱动城市发展的消费型资本。随着经济社会发展，知识对城市发展的推动作用日益明显，城市发展越来越依靠技术和创新。同时，人们的收入和教育水平日益提高，发展型、享受型需求越来越强烈，城市作为消费中心的功能逐渐增强，正如 2010 年上海世博会的主题"城市，让生活更美好"。在中国情境下，城市消费舒适物是指城市范围内能满足人们美好生活需要的集体消费品所构成的系统，是衡量消费质量的重要指标。其中，美好生活需要，不仅是更高品质的物质文化需要，而且是更高层次的社会环境和生态环境需要。伴随工业化、城镇化深入推进，消费舒适物不再是作为城市经济活动的产物或附属物，而是吸引人力资本、驱动城市发展的重要因素。

　　一个城市能否抓住经济调整窗口期、推动转型升级的关键在于能否吸引到充足的高素质人才，这将深刻影响城市可持续发展及城市竞争格局重塑。劳动经济学理论认为，人们跨区域迁移是为了追求效用的最大化，而这里的效用可以理解为"收入 + 消费舒适物"。换言之，人们迁移到一个城市，不仅因为它能提供更高的收入，还因为它能提供更好的消费舒适物。因此，在人民日益增长的美好生活需要的时代背景下，研究消费舒适物对劳动力流动以及城市发展的影响，有利于转变传统区域发展思维，为城市竞争力塑造提供启示。

本书围绕消费舒适物与城市发展这一研究主题，以"城市作为消费娱乐的机器"为研究的逻辑起点，以"消费舒适物影响劳动力流动"为主线，以"满足人民美好生活需要，推动城市发展"为落脚点。具体而言，首先，回顾已有研究，基于中国情景，合理界定消费舒适物概念，刻画消费舒适物内涵，构建城市消费舒适物水平评价指标体系，测度我国282个城市的消费舒适物水平，并探索其空间差异格局。其次，基于消费舒适物理论、需求层次理论、人力资本理论、创意阶层理论、幸福公式理论等，从劳动力流入倾向（短期流动）、劳动力定居倾向（长期流动）两个层面，探讨消费舒适物影响劳动力流动的理论机制。其中，消费舒适物通过作用于劳动力预期效用、幸福感，影响外地劳动力是否"流进来"和当地劳动力是否"留得住"。在此基础上，分析消费舒适物作用于高端劳动力流动，影响产业结构升级的内在逻辑，进而构建消费舒适物、劳动力流动与城市发展研究的理论框架。再次，在理论分析基础上，匹配中国劳动力动态调查数据（CLDS）和城市层面宏观数据，运用条件 Logit（Clogit）等模型实证分析城市消费舒适物对劳动力流动倾向的作用机理；运用有序 Logit（Ologit）等模型实证分析城市消费舒适物对劳动力幸福感、定居倾向的作用机理；运用面板数据固定效用模型、中介效应模型、空间杜宾模型等方法实证分析城市消费舒适物对人才流动、产业结构升级与城市发展的作用机理。最后，基于理论分析和实证研究的结论，提出加强消费舒适物建设，满足人民美好生活需要，推进城市发展的政策建议。

本书研究发现：第一，2003 年以来，我国城市消费舒适物水平总体呈上升趋势，但区域间城市消费舒适物水平及其提升能力存在明显差异。城市消费舒适物水平方面，东部地区最高，东北地区次之，中部地区略高于西部地区；其区域差异呈现出明显的倒 U 型趋势，且区域间差距是该差距的主要来源；在空间上具有正向关联，邻域环境对其状态转移方向和概率有一定影响，存在明显的"俱乐部趋同"和"马太效应"现象。

第二，城市消费舒适物对劳动力流入倾向具有正向影响，而且这种影响对于具备人才特质的劳动力更强。城市消费舒适物，通过增加居民效用、改善城市发展预期、增强劳动供给效率等，提高劳动力预期流入收益。具体而言，城市消费舒适物水平提高一个标准差，劳动力流入概率增加 1.968 倍。从个体异质性来看，年龄较小、技能水平较高、文化水平较高的劳动者，对消费舒适物需求较为强烈，更倾向于流入消费舒适物水平较高的城市。

第三，城市消费舒适物对劳动力幸福感具有正向影响，经济压力较小的劳动力对消费舒适物的幸福感知更强。城市消费舒适物，通过引致人力资本增值效应、社会互动效应、健康效应，促进劳动力幸福感提升、定居倾向增强。经济压力在其中发挥着重要调节作用，由于个体经济条件差异，导致劳动力对消费舒适物的摄取能力存在差别，造成消费舒适物摄取不公平，进而影响劳动者幸福感。

第四，城市消费舒适物对产业结构升级具有促进作用，且人才集聚在其过程中起到关键中介作用。城市消费舒适物作为一种消费型资本，通过引致人才集聚效应、高新技术企业集聚效应、消费升级效应，促进当地产业结构升级。其中，城市消费舒适物促进高素质人才流入，是其作用于当地产业结构升级的关键渠道。人才更倾向于流入消费舒适物水平较高的城市，而高新技术企业主要依赖人才和知识，因而消费舒适物的人才集聚效应间接促进产业结构升级。

第五，城市消费舒适物对产业结构升级的影响存在空间溢出效应，周边地区消费舒适物水平提高，有利于本地区产业结构升级。消费舒适物虽然具有地域属性，但通过人才的跨区域流动和交流，周边地区也能够分享消费舒适物带来的价值溢出。

总体而言，本书存在以下几个方面的创新之处：第一，基于消费舒适物理论，在中国情境下，提出需求导向型城市发展理念，即通过加强消费舒适物建设来推动城市发展，并使用中国经验数据予以验证，弥补了现有研究不足；第二，采用宏微观匹配数据，使用考虑了空间因素的 Clogit、Ologit 模型，从劳动力流入倾向（"流进来"）和劳动力幸福感（"留得住"）两个维度，考察消费舒适物对劳动力流动的作用机理，并发现人才流动更偏好于消费舒适物，经济压力较小的劳动力对消费舒适物的幸福感知更强；第三，采用城市面板数据，使用中介效应模型、空间计量模型，分析并验证了人才流入是消费舒适物作用于当地产业结构升级的关键渠道，并发现消费舒适物对产业结构升级影响的空间溢出效应，为构建区域消费舒适物共建共享机制提供理论支撑，相比已有研究，具有一定创新性。

1

导　　论

1.1　研究背景与意义

1.1.1　研究背景

（1）进入新时代，我国社会主要矛盾发生转化

党的十九大指出，"中国特色社会主义进入新时代，我国社会主要矛盾已经转化为人民日益增长的美好生活需要和不平衡不充分的发展之间的矛盾"。新中国成立70年以来，特别是改革开放以来，我国城镇化水平明显提升，城市居民收入大幅增长，生活质量显著改善，从温饱不足迈向全面小康。国家统计局数据显示，改革开放以来，我国城镇常住人口由1978年的1.73亿人迅速增加到2019年的8.48亿人，常住人口城镇化率由1978年的17.92%提高到2019年的60.60%；城镇居民人均可支配收入由1978年的343元增长到2019年的42359元。随着生活水平提高，人民对美好生活的需要更加迫切，表现为需要的内涵扩大，从物质文化向多样化拓展；需要的层次提升，从数量向质量转变。不断满足人民对美好生活的需要，不仅是更高品质的物质文化需要，而且是更高层次的社会环境和生态环境需要，既是经济社会发展的目的，也是经济社会发展的重要动力。与此同时，伴随城市化进程，因城市发展要始终以人民为中心，美好生活需要引领着城市建设和产业发展的方向；因人力资本流动性较强，一个城市对美好生活需要的满足程度，决定了其获取人力资本等发展要素的能

力，进而影响了其未来的发展潜力。此外，社会主要矛盾的转化，也是目前"宜居城市""消费城市""幸福城市""健康城市""美好城市""公园城市"等城市相关发展规划和评比出现的现实依据。

（2）近年来，我国后工业化阶段经济社会特征显现

基于美国后工业化时代城市发展经验，一些研究认为影响未来城市增长的关键因素已由传统的工业向都市休闲娱乐产业转变，城市的舒适性和便利性越高，城市的增长也就越快，即城市的主导功能越来越多的转向消费功能（Clark et al., 2002；Clark, 2004；Glaeser, 2012）。在经历了快速工业化阶段之后，学界对当前我国所处发展阶段的判断集中在工业化后期（赵昌文等，2015；夏杰长和倪红福，2016）或后工业化阶段（胡鞍钢，2017；郝寿义和曹清峰，2019）。虽然对于发展阶段仍存在一定争议，但客观上后工业化阶段经济社会特征开始显现，城市随之发生了一些积极变化。近年来，我国服务业在国民经济中占比逐步增加，并已成为国民经济的支柱产业。国家统计局数据显示，2019 年，服务业增加值为 53.42 万亿元，占国民经济的比重为 53.9%。服务业已是国民就业的主要经济部门，并与先进制造、高新产业逐步融合，成为现代经济发展的重要引擎，与此同时，城市成为服务业的聚集地，逐步从生产功能向生活功能转变，并发生了一系列显著的变化。第一，随着社会生产力扩大，第三产业快速发展，市场消费品和服务供给日益丰盈。经过改革开放 40 多年的发展，我国已成为制造业大国并具备非常完整的工业体系，从商品短缺到商品出口，"衣食住行"等消费品极大丰富，产品品质和种类大幅提升，居民消费选择空间显著扩大。同时，从便利店到大型购物中心，从实体店到网上商城，从货币支付到电子支付，人们消费方式日益多样、消费更加便捷和现代化。第二，高铁、互联网、航空较快发展，地理距离时空压缩，运费大幅下降，自然资源对经济发展优势逐渐减弱。与此同时，劳动力和资本等要素的跨区域流动性增强，对地方城市发展作用日益重要。第三，城市居民的收入、教育水平大幅提升，消费需求趋于个性化、多元化，尤其是对自我发展的需求更为强烈。人们的闲暇时间增加，更关注艺术和其他美的事物，同时，人民对美好生活的追求，不断激发新的个性化的消费需求，塑造了更多"小而美"的新职业，比如网约配送员、美食家、健康照护师、整形医师、体验师等精细化新职业的出现。城市，尤其是大城市，往往具有更开放包容的文化环境，更多样化的消费机会，在消费的同时形成多频次多元化的社会互动。而这些消费元素与舒适物的内涵非常吻合，

西方城市的发展经验以及舒适物主导下的城市发展理论转向可以为我国的城市发展提供重要参考，这就要求新的经济形势下从舒适物的角度审视城市发展。

（3）消费功能对城市发展日益重要

按照消费对象的可流动性，消费品可以分为可贸易消费品和不可贸易消费品两大类。其中，制造业产品是典型的可贸易品，因为可标准化的生产和低损耗的运输，人们几乎在市场流通区域均能买到其他区域生产的制造业产品。与此同时，对于一个城市而言，许多消费品（如医院、学校、歌剧院、公园等）不具有可分割性，必须以一个地方作为单位进行供给和配置，这种空间地域属性使得消费物难以在区域间"流动"或"交换"（Castells，1977；王宁，2014）。显然，城市作为消费中心，更多地依靠不可贸易品的多样性，而非区域间无明显差异的可贸易品。本地化的消费品可以由公共部门提供，也能由私营部门提供，两者是城市消费供给体系的有机组合。这里将依附在空间区位之上，并与所在区位共同为居民提供服务的消费品称为"本地化消费机会"或者"消费舒适物"（徐杨菲，2017）。

非经济因素对劳动力流动的作用凸显。劳动力既是"经济人"，也是"社会人"，在转移流动决策中，并非完全以物质收益最大化为目标，还要考虑非经济因素的影响（程名望和史清华，2009）。"城市，让生活更美好"。随着经济发展，居民收入和教育水平日益提高，人们越来越重视城市生活质量，消费舒适物成为影响劳动力流入和城市发展的重要变量。国际经验表明，人均GDP达到3000美元之后，居民消费将由满足"基本生活需求"向满足"享受和发展需求"升级。改革开放40多年，国民经济实现了跨越式发展，居民消费需要实现了由"基本生活消费需要"向"美好生活消费需要"的快速转变，居民的享受型和发展型消费需要日益强烈（毛中根等，2016；朱雨可等，2018）。与此同时，大规模人口流动迁移仍是中国人口发展及经济社会发展中的重要现象。2016年我国流动人口规模为2.45亿人，其中新生代流动人口的比重不断上升，2016年已达64.7%，成为流动人口的主力军[1]。这意味着，能否为高素质劳动力提供更多消费舒适物，是城市能否吸引和留住人才的关键，而人力资本是新时代城市竞争力的关键。蔡昉等（2009）发现西部大开发等战略实施以来，虽然我国形成中西部地区工业产出加快增长的工业格局，但劳动力跨区域

---

[1] 国家卫生和计划生育委员会流动人口司.中国流动人口发展报告（2017）[M].北京：中国人口出版社，2017.

流动依然趋向于东部。随着居民消费层次和需求的升级，劳动力由"经济流动"逐渐向"经济流动"和"消费流动"并举转换。在经济发展新动能的转换、人口老龄化加速、区域竞争策略转变、国家创新发展战略实施等背景下，劳动力（尤其是高素质劳动力）成为一个城市发展的关键且可控要素，城市之间劳动力"争夺"愈演愈烈。2017 年以来，我国大中小城市竞相出台人才引进政策，"人才争夺战"白热化态势更加不可阻挡。比如，2017 年武汉出台"户籍新政"，济南发布"人才新政 30 条"，长沙发布"人才新政 22 条"，南京施行《人才安居办法》，成都提出"蓉漂计划"等吸引人才。事实上，某些区域即使在物质待遇、户口、住房等方面给出了优惠的条件，也难以招到足够数量的符合要求的劳动力，同时一些劳动力为了留在某些城市（北上广等城市）甘愿从事非专业技能工作和放弃部分物质回报①。这在一定程度上说明，仅仅以经济因素或传统经济理论，难以充分解释当前劳动力的地理流动行为。世界各国城市化发展经验表明，城市化具有消费集聚效应。但是城市在成为消费集聚空间的同时，有没有促进劳动力流入？因而，需要从消费视角研究城市劳动力地理流动。

消费对产业结构升级作用增强。在全球化背景下，资金、技术、劳动力、消费者等资源流动性增强，而舒适物是城市获得这些资源竞争优势的重要条件。进入突出城市功能的城市化阶段，不再是强调农村人口流入，而是突出技术人才进城（洪银兴，2003）。知识经济时代，一个城市能够抓住经济调整窗口期、推动转型升级的关键在于能否吸引到充足高素质劳动力，这将深刻影响城市可持续发展及城市间竞争格局重塑。依靠高投资、高污染、高消耗、低效益的传统经济增长方式存在极大隐患，新时代背景下，要加快产业转型升级，推动城市高质量发展，需要依靠科技、创新、人才。随着经济社会的转型，知识经济在城市和国民经济中的占比加大，经济发展越来越依赖高新科技和创意产业的发展，人才特别是创意人才对经济发展的作用越来越大，传统从工业生产的角度解释城市发展的理论已经不能满足现实需要。随着技术发展，交通成本与交通时间进一步压缩，产业尤其是高新技术产业倾向于布局在拥有更多消费舒适物的地方，而不是靠近自然资源的地方，因为消费舒适物具有人才集聚效应。因而，需要研究如何顺应这种趋势加快城市转型升级。

---

① 王颖. 中国毕业生选择就业城市更加关注"非物质吸引力"［EB/OL］. http://world. people. com. cn/n1/2016/1220/c57506 - 28964086. html.

（4）幸福感日益受到城市管理者重视

幸福感是人们对城市生活的主观判断，与生活满意度紧密相关。2012年，央视特别调查"你幸福吗？"引起全国热议。"幸福城市"日益成为社会关注的热点，相关机构相继发布了中国幸福城市排名，见表1-1。从排名看，成都、杭州、南京、西安等城市频繁出现在幸福城市前十名，而这些城市均以文化休闲、旅游之地而被广为认知，同时也都是消费资源较为集中的大都市。美好生活日益成为人们空间流动的关键驱动因素，但生活在消费舒适物水平高的城市劳动者更幸福吗？党的十九大指出，"使人民获得感、幸福感、安全感更加充实、更有保障、更可持续"。幸福是人们永恒的追求，也是劳动力在一个城市落户的基础。因而，幸福感逐渐成为地方发展考核的一个重要因素，日益受到地方管理者的重视。

表 1-1 幸福城市排名

年份	发布机构	具体城市（前十名）
2013	新华社《瞭望东方周刊》联合中国市长协会《中国城市发展报告》	杭州、成都、南京、西安、天津、长沙、宁波、长春、厦门、海口
2014	央视联合国家统计局发起的《中国经济生活大调查》	海口、长沙、太原、南京、天津、合肥、重庆、呼和浩特、杭州、西宁
2015	央视联合国家统计局发起的《中国经济生活大调查》	长沙、武汉、合肥、郑州、兰州、呼和浩特、乌鲁木齐、石家庄、南宁、南京
2016	新华社《瞭望东方周刊》联合中国市长协会《中国城市发展报告》	成都、杭州、南京、西安、长春、长沙、苏州、珠海、北京、上海
2017	央视财经频道《中国经济生活大调查》	武汉、西宁、南昌、呼和浩特、长沙、天津、福州、杭州、南京、海口
2017	新华社《瞭望东方周刊》、瞭望智库	成都、杭州、宁波、南京、西安、长春、长沙、台州、铜川、徐州
2018	新华社《瞭望东方周刊》、瞭望智库	成都、宁波、杭州、西安、南京、广州、长沙、台州、铜川、珠海
2019	新华社《瞭望东方周刊》、瞭望智库	成都、杭州、宁波、西安、广州、长沙、温州、台州、铜川、徐州

资料来源：央广网、新华网。

1.1.2 研究意义

第一，有助于更好满足人民日益增长的美好生活需要。城市是人民生活的基本空间单元，消费舒适物水平一定程度上对应生活质量。对我国城市消费舒适物水平空间格局的研究，有助于识别城市消费舒适物供给不平衡不充分问题，并为进一步加强消费舒适物建设、缩小区域间舒适物水平差距提供理论指导。消费舒适物与劳动力幸福感研究，有助于厘清消费舒适物对主观幸福感的作用机理，为进一步促进民生幸福感提供理论指导。人们对生活状况的主观感受是衡量一个城市生活质量的重要维度，也是民生幸福感的一项重要内容。随着国民经济发展到一定阶段，非经济因素对民生满意感的作用增强，本书研究有利于找到当下阶段消费舒适物配置问题所在，进而挖掘民生满意度潜力，促进民生幸福。

第二，有助于完善促进城市高质量发展的体制机制。当前，我国经济已由高速增长阶段转向高质量发展阶段，城市发展正处于结构调整和动力转换的关键时期，传统发展方式和动力难以为继，迫切需要发掘和培育发展新动能。习近平总书记强调："发展是第一要务，人才是第一资源，创新是第一动力。"[①] 高质量发展需要创新驱动，而创新驱动实际上就是人才的驱动。国家间、区域间的竞争最根本的是科技实力的竞争，说到底是人才的竞争，而随着创意阶层兴起，地方质量（包括多元的文化、多样性的消费机会、文化赛事活动等）对人才吸引力增强。在人民日益增长的美好生活需要的时代背景下，研究消费舒适物对劳动力流动、产业结构升级的作用机制，有利于转变区域发展传统思维，丰富城市发展理论，进而为城市高质量发展提供一个有力的"抓手"。

第三，有助于丰富城市消费舒适物理论研究。舒适物理论，强调城市的消费功能，揭示了消费品转换为资本的运行机制，是基于后工业化阶段西方城市发展经验形成的有关城市发展的一个新理论。自20世纪90年代以来，区域与城市经济学者、经济地理学者越来越关注经济发展与消费舒适物之间的关系，但国内研究成果较少，尤其是缺少运用中国经验数据的实证研究。尽管就经济发展与消费舒适物建设之间的因果关系存在类似于"先有鸡还是先有蛋"的争论，学者们达成较为一致的认识，即先有经济

---

① 习近平：发展是第一要务，人才是第一资源，创新是第一动力 [EB/OL]. https://baijiahao. baidu. com/s?id＝1594276648898530065&wfr＝spider&for＝pc.

发展，后有舒适物的建设，这些后来舒适物在随后的过程中构成了促进经济进一步发展的积极因素。本书立足中国实际，刻画城市消费舒适物内涵，构建城市消费舒适物指标体系，探索消费舒适物水平空间格局，并理论分析和实证检验其对城市发展的作用机理，这有助于丰富消费舒适物理论。

第四，有助于拓展消费研究的空间维度。高铁时代区域间联系日趋紧密，空间因素越来越值得关注，而以往研究主要关注产业的空间属性而忽略了消费的空间属性。同时，居民消费理论不断发展，从以绝对收入假说、相对收入假说为主的确定条件下消费理论，到以持久收入假说、生命周期假说为主的不确定条件下消费理论，再到新古典消费决策理论（方福前和俞剑，2014）。现有消费研究多是基于社会再生产的角度，随着消费实践发展，需要从其他角度拓展消费经济研究领域，而公共产品消费研究尚未得到足够重视（李正明，2009）。消费舒适物类似公共产品，是消费品概念的外延，具有地域属性，城市消费舒适物可以作为地方消费品。城市消费舒适物研究，拓展了消费研究领域，有助于丰富和发展消费经济学研究。

此外，探索城市消费舒适物的空间分布规律，有助于为区域消费中心城市建设做理论指导。区域消费中心是消费市场的制高点，消费资源的集聚地，具有强大的消费引领和带动作用。一般来说，各地区消费条件存在差异（樊纲和王小鲁，2004），高消费舒适物水平的城市更适宜建设区域消费中心。本书对我国城市消费舒适物水平空间演化规律的探索，有助于指导培育和建设区域消费中心城市，加快形成消费引领发展新格局。

1.2　研究内容与技术路线

1.2.1　主要内容

本书围绕消费舒适物与城市发展这一研究主题，以"消费舒适物吸引劳动力流动"为主线，深化城市消费舒适物内涵，探索城市消费舒适物水平的空间分布格局，理论分析并实证检验城市消费舒适物对劳动力流动、产业结构升级与城市发展的作用机理，并依据研究结论提出政策启示，为城市高质量发展提供参考。

本书研究的内容主要包括以下几个部分。

第2章是文献评述。在已有研究基础上，对城市消费舒适物概念进行界定和辨析，并从劳动力要素集聚、产业结构升级两个维度阐释城市发展概念。同时，从劳动力流动、幸福感、产业结构升级三个视角，对消费舒适物与城市发展的相关研究进行回顾及简要述评。

第3章是城市消费舒适物内涵及其水平测度。基于人们对美好生活需要，结合中国实际，刻画城市消费舒适物内涵，构建城市消费舒适物水平的测评指标体系。结合城市层面经验数据，采用熵权法、等权重法测度我国282个城市的消费舒适物水平，为接下来分析作数据支撑。并通过空间统计方法，探索城市消费舒适物水平的分布格局及其时空转移规律。

第4章是消费舒适物、劳动力流动与城市发展：理论框架。基于消费舒适物、需求层次、人力资本、创意阶层、幸福公式等理论，从劳动力流入倾向、劳动力定居倾向两个层面，探讨消费舒适物影响劳动力流动的理论机制。在此基础上，分析消费舒适物作用于高端劳动力流动，影响产业结构升级的内在逻辑，进而构建消费舒适物、劳动力流动与城市发展研究的理论框架。

第5章是城市消费舒适物与劳动力流入倾向。在理论分析的基础上，采用中国劳动力动态调查（CLDS）流动样本数据和城市层面宏观数据，运用条件 Logit（Clogit）模型考察城市消费舒适物对劳动力流入倾向的影响，并从区分流动动机、考虑城市异质性、更换回归模型、工具变量检验等角度进行稳健性检验。此外，通过构建交互项，分析消费舒适物对劳动力流入倾向影响的个体异质性。

第6章是城市消费舒适物、幸福感与劳动力定居倾向。在理论分析的基础上，采用中国劳动力流动调查（CLDS）全样本数据和城市层面宏观数据，运用有序 Logit（Ologit）模型考察城市消费舒适物对劳动力幸福感的影响，并从选择幸福感替代变量、选择替代计量模型、剔除可能异常样本、增加控制变量等角度进行稳健性检验。此外，通过构建交互项，分析消费舒适物对劳动力幸福感影响的个体异质性。

第7章是消费舒适物、人才流动、产业结构升级与城市发展。在理论分析的基础上，采用城市层面 2003~2016 年面板数据，运用最小二乘法（OLS）固定效应模型考察城市消费舒适物对产业结构升级的影响，并从使用前定变量、使用联立方程模型、考虑城市异质性等角度进行稳健性检验。并使用逐步检验回归系数法、系数相乘检验法，检验人才集聚的中介效应。此外，使用空间计量模型，考察消费舒适物对产业结构升级影响的空间溢出效应。

第 8 章是研究结论与政策启示。在总结前文的基础上，基于需求导向型城市发展理念，提出相应的政策启示，并指出本书存在的不足和进一步需要研究的方向。

1.2.2　技术路线

基于我国社会基本矛盾转化和后工业化阶段特征显现背景，本书围绕消费舒适物与城市发展这一研究主题，以"消费舒适物影响劳动力流动"为主线，以"满足人民美好生活需要，推动城市发展"为研究的落脚点（见图 1 - 1）。

首先，回顾已有研究，基于中国情景，合理界定消费舒适物概念，刻画消费舒适物内涵，构建城市消费舒适物水平评价指标体系，测度我国 282 个城市的消费舒适物水平，并探索其空间差异格局。

其次，基于消费舒适物理论、需求层次理论、人力资本理论、创意阶层理论、幸福公式理论等理论，从劳动力流入倾向（短期流动）、劳动力定居倾向（长期流动）两个层面，探讨消费舒适物影响劳动力流动的理论机制。其中，消费舒适物通过作用于劳动力预期效用、幸福感，影响外地劳动力是否"流进来"和当地劳动力是否"留得住"。在此基础上，分析消费舒适物作用于高端劳动力流动，影响产业结构升级的内在逻辑，进而构建消费舒适物、劳动力流动与城市发展研究的理论框架。

再次，在理论分析基础上，匹配中国劳动力动态调查数据（CLDS）和城市层面宏观数据，运用条件 Logit（Clogit）等模型实证分析城市消费舒适物对劳动力流动倾向的作用机理；运用有序 Logit（Ologit）等模型实证分析城市消费舒适物对劳动力幸福感、定居倾向的作用机理；运用面板数据固定效用模型、中介效应模型、空间杜宾模型等方法实证分析城市消费舒适物对人才流动、产业结构升级与城市发展的作用机理。

最后，基于理论分析和实证研究的结论，提出加强消费舒适物建设，满足人民美好生活需要，推进城市发展的政策建议。

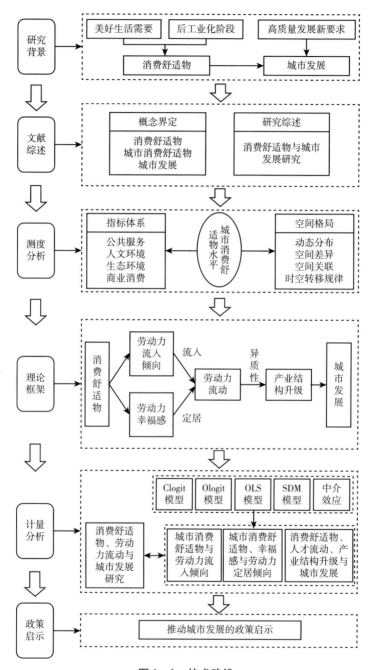

图1-1 技术路线

1.3　研究方法与主要创新点

1.3.1　研究方法

第一，理论分析法。在消费舒适物理论、需求层次理论、人力资本理论、创意阶层理论的基础上，阐明城市消费舒适物对劳动力流动、产业结构升级的作用机理，并提出研究假设。在第 5 章，将城市消费舒适物所带来的预期收入（或效用）增加，调整为预期流入成本的减少，从而以工资水平为基准，相应调整真实收入（或效用），构建劳动力流入预期收入模型，分析消费舒适物对劳动力流入倾向影响机制。

第二，统计分析法。在第 3 章，采用熵值法、等权重法等对我国 282 个城市消费舒适物水平进行测度，并运用基尼系数分解法、核密度分析法、探索性空间分析法、传统马尔可夫（Markov）链、空间马尔可夫（Markov）链等多种方法探索城市消费舒适物水平的分布格局及其时空转移规律。

第三，计量分析法。采用条件 Logit 模型（Clogit）、有序 Logit 模型（Ologit）、泊松模型（Poisson）、负二项回归模型（Nbreg）、最小二乘法（OLS）、两阶段最小二乘法（TSLS）、空间杜宾模型（SDM）、空间滞后模型（SAR）、空间误差模型（SEM）、中介效应模型等对理论假设进行验证。比如，因城市消费舒适物、产业结构升级均存在空间正向关联，采用空间计量模型估计城市消费舒适物对产业结构升级作用，并通过偏微分方法分解出直接影响和空间溢出效应。

第四，规范分析法。根据研究结论，本书在基本价值判断的基础上，认为新时代城市需要充分发挥消费舒适物引人引才作用，推动劳动力要素集聚，促进产业结构转型升级。并从政府要重视消费舒适物建设；以城市群为主体，建立消费舒适物共建共享机制；要充分发挥消费舒适物的人才集聚效应，助力城市高质量发展；以居民健康需求为导向，加强城市消费舒适物建设；要关注城市舒适物摄取的公平性；消费舒适物建设要因地制宜等视角提出政策启示，希望为城市管理部门政策制定提供一定参考。

1.3.2　主要创新点

总体而言，本书可能存在以下几个方面的创新之处。

第一，基于消费舒适物理论，在中国情境下，提出需求导向型城市发展理念，即通过加强消费舒适物建设来推动城市发展，并使用中国经验数据予以验证，弥补了现有研究不足。

第二，采用宏微观匹配数据，使用考虑了空间因素的 Clogit、Ologit 模型，从劳动力流入倾向（"流进来"）和劳动力幸福感（"留得住"）两个维度，考察消费舒适物对劳动力流动的作用机理，并发现人才流动更偏好于消费舒适物，经济压力较小的劳动力对消费舒适物的幸福感知更强。

第三，采用城市面板数据，使用中介效应模型、空间计量模型，分析并验证了人才集聚是消费舒适物作用于当地产业结构升级的关键渠道，并发现消费舒适物对产业结构升级影响的空间溢出效应，为构建区域消费舒适物共建共享机制提供了理论支撑，相比已有研究，具有一定创新性。

2

文献评述

2.1　概念界定与辨析

2.1.1　消费舒适物

（1）消费舒适物概念

舒适物（amenities）一词来自经济学，与"消费"有关，通常是指使用或享受相关商品和服务时带来的愉悦[①]。也有学者偏向使用消费舒适物（consumer amenities 或 consumption amenities）一词，以强调舒适物的消费属性，但从本质上看舒适物与消费舒适物是同一概念。目前，舒适物没有明确的定义，不同学者根据研究目的进行界定。厄尔曼（Ullman，1954）将舒适物定义为令人愉悦的生活条件。戈特利布（Gottlieb，1994）将舒适物定义为能使就业者作为居民受益的，特定地点的不可出口的商品或服务。马利根（Mulligan，2011）将舒适物定义为有利于增加地方生活和工作吸引力的商品和服务，包括自然舒适物和人工舒适物两种类型。近年来，随着中国工业化水平提升和城市化进程推进，一些学者开始将舒适物理论引入中国（温婷等，2014；尚蕾、杨兴柱，2017），有些学者将"amenity"译为"便利性"或"适宜性"，将"amenities"译为"便利设施"或"舒适物"。

[①]　［加］Silver D A，［美］Clark T N. 场景：空间品质如何塑造社会生活［M］. 祁述裕，吴军，等译. 北京：社会科学文献出版社，2019.

消费经济学家尹世杰（1985）教授认为，人们不仅要求有比较好的消费品和服务，而且要求有比较好的生活环境，提高消费质量。尹世杰教授在其著作《消费需要论》中进一步强调，消费需要在纵向上包括生存、发展、享受型需要，在横向上包括物质、精神文化和生态消费需要，这为本书舒适物概念界定提供了重要启示。基于已有研究，本书将消费舒适物界定为能满足人们美好生活需要的特定地域范围内的具体的集体消费品，包括自然舒适物和社会舒适物。其中，集体消费品范围大于私人消费性质的商品，是中观（城市）层面的消费品，且集体消费支出具有正的外部性（王宁，2014）。相应地，城市消费舒适物是指城市范围内能满足人们美好生活需要的集体消费品（包括自然和社会舒适物）所构成的系统。虽然舒适物评价具有动态性特点，会随着人的需求变化而变化。但又是相对稳定的，在某段时期内人们对舒适物的评价变动不大，甚至变动几乎可以忽略，这也为城市舒适物水平的时间维度纵向比较提供了依据。为了更好地理解舒适物，接下来进行几对概念的辨析。

（2）相关概念辨析

舒适物与生活质量。从性质上看，舒适物与生活质量在内涵上有相同之处，二者是一对在外延上交叉的概念（王宁，2010）。不同地区的舒适物很大程度上决定了相对生活质量或社会幸福感（Smith，1977）。舒适物是理解生活质量的关键，因为它们正是使一些地方对生活和工作具有吸引力的因素（Mulligan，2011）。舒适物与生活质量有三个主要区别：第一，生活质量与人造舒适物密切相关，而与自然舒适物关系不大；第二，人均寿命可以作为标准衡量生活质量，但不能作为衡量舒适物的标准；第三，舒适物更强调其工具性功能，即促进经济发展和产业升级等，这是与生活质量的显著差别。

舒适物与消费环境。消费环境与舒适物内涵上具有相同之处。消费经济学家尹世杰（2006）教授认为，消费环境包括了生态环境和社会环境，会作用于人的发展、经济增长、经济结构和社会发展等方面。尹世杰（1985）教授提出的消费环境概念有利于更好地理解舒适物，两者均强调人居环境，并突出人居环境对经济社会发展的意义。而不同之处在于，舒适物更强调空间属性，相对消费环境更具体，且具有主观价值方向性。

舒适物与消费品。一定程度上，舒适物可以理解为地方化集体消费品。人们对一个地方的整体性产品的质量的追求和偏好，意味着消费对象从单个的、具体的消费品扩展到整个地方或城市，也即消费层级的提高，将会让消费者从具体消费走向城市或地方的整体消费，城市本身就成了一个消费品（王宁，2014）。此时，自然舒适物也可以是消费品。传统经济学将自然环境中存在的风景、空气、气候等事物排除在消费品之外，认为它们没有市场价格。但是这类自然舒适物的价值隐藏在市场交易型商品中，是具有一定的市场属性的。人们为了享受怡人的自然环境，愿意支付给市场中商品（如住房）更高的价格，这其实就是舒适物的价格向有价商品和服务的转移。而对于舒适物的维护与保护，还需要付出一定的人力物力，这往往就是政府为保护自然舒适物所付出的经济成本。

舒适物与宜居性。宜居性反映的是更好的适宜人类居住和生活的目标，通常强调城市居民所体验到的生活质量（张文忠，2016）。舒适物的概念相对更小更具体，能够反映出当代城市不再一味强调物质和生产，更在强调审美和消费。舒适物也不再只是附属于城市经济活动，它已经成为城市经济发展的重要决定因素（马凌，2018）。此外，从已有指标体系研究看，宜居性强调"充分的就业"等经济因素（王坤鹏，2010），更强调主观体验性（张文忠，2007）。

2.1.2 城市发展

进入新时代，我国经济已经由高速增长阶段转向高质量发展阶段。高质量发展是对发展问题的新认知，其充分体现新发展理念，要求坚持创新发展、坚持协调发展、坚持绿色发展，坚持共享发展，是新时代不断满足人民日益增长的美好生活需要的必由之路。城市已成为国民经济发展的重心所在，也是推进高质量发展的重要空间载体，在我国转变发展方式、转换经济动力、优化经济结构的关键期，需要加快推进城市高质量发展。高质量发展比增长具有更丰富内涵，学界从多维度视角对其内涵进行了积极回应，其中，创新驱动（王丽艳等，2020）、经济结构优化（李勇刚，2019；师博和张冰瑶，2019）是城市高质量发展的重要维度。

城市发展的内涵十分丰富，但也需要从具体路径进行理解、研究、促进。本书结合城市发展内涵与消费舒适物经济社会效应特点，分别从劳动力要素集聚、产业结构升级两个维度阐释城市发展概念。其中，劳动力要素集聚是城市保持竞争优势的关键，是城市高质量发展的不竭动力。产业结构升级是城市高质量发展关键，是从关注经济规模和增长过程，转向关注增长结果和增长效益的重要体现。

2.2　消费舒适物对城市发展影响研究

2.2.1　消费舒适物内涵及评估

（1）舒适物内涵

目前，国内外对舒适物没有明确的定义，大多学者根据自己的研究目的对其进行界定和分类。克拉克（Clark，2002）认为西方城市的舒适物有四类：自然舒适物、人造舒适物、社会经济构成和多样性、居民的价值观和态度。自然环境中存在的气候、水域、空气、温度等属于自然舒适物；人类创造的图书馆、博物馆、餐饮店、书店等属于人造舒适物；经济社会中的居民收入水平、受教育水平、民族多样性等属于社会经济构成和多样性舒适物；居民是否友好、是否有宽容度、是否有风险承担精神等属于居民价值观和态度类舒适物。格莱泽等（Glaeser et al.，2003）将部分人造舒适物和自然舒适物统称为物质环境类舒适物，突出丰富多样的产品和服务供给的舒适性，另外囊括了公共服务和交通便利的舒适性。王宁（2010）将舒适物定义为使人在感官和心情上感到舒适、舒心、愉悦、满足的事物、环境、事件、设施或服务。归纳已有研究可以发现，虽然不同学科背景学者对城市舒适物的理解可能有所差异，但是均体现出对生活质量的追求。马凌等（2018）构建包含自然、文化、商业、交通、卫生与社会等六个维度的舒适物评价指标体系，结合中国 26 个特定城市的经验数据进行测评，发现城市舒适物具有较大的空间差异，商业舒适物和交通便利是影响舒适性水平的最重要因素。叶晓倩和陈伟（2019）基于舒适物理论，构建包含自然生态环境、经济发展水平、社会生活环境、公共服务水平、科教创新环境等五个维度的舒适物评价指标体系，结合中国 33 个主要城市，对城市的人才综合吸引力进行测评和比较。喻忠磊（2016）构建包含自然环境、公共服务、基础设施、环境卫生、休闲环境、社会氛围等维度的舒适物测度指标体系，结合中国 286 个地级城市经验数据进行测度，发现中国城市舒适性级差化特征明显，空间格局呈现自然环境的地带性分异和东中西经济梯度主导特点，并由经济发展水平发挥决定性作用。此外，卢卫（1986）、汪明峰和孙莹（2013）、吴军（2014）、叶胥（2016）、钟陆文（2017）等研究中国消费城市形成机制，并建立了消费城市评价体系，一定程度上推动了城市舒适物研究的发展。

（2）舒适物评估

舒适物研究涉及多个学科，在研究方法上也较为多样化，最常用的是价格特征法，其次还有问卷调查法、指标体系法、潜变量法、旅游成本法、空间分析法等。第一，特征价格法。在众多经济学模型中，基于不动产价值和工资建立的享乐价格模型（Hedonic）应用较为广泛。有些观点认为城市具有较高生产力和较低生活质量，较高的工资补偿了较低的生活质量（Alonso，1971；Hoch，1972）。罗森（Rosen，1974）最先利用享乐价格模型（Hedonic）对城市舒适性进行衡量，原理就是利用市场价格估算城市舒适性的程度。例如，房子的价格包含了城市的环境质量，从某一方面反映出城市的舒适性。班森等（Benson et al.，1998）提供一项住宅房地产市场景观舒适度价值评估案例，认为人们为舒适性付费的意愿相当高，最高质量的海景会使可比房屋的市场价格上涨近60%。相应地，房租和工资也可以体现出一个城市的舒适性（Roback，1982）。郑思齐等（Zheng et al.，2016）以北京地铁小区为例，研究认为消费舒适物建设能够增加附近居民价值。人们为了享受一个城市的舒适性，宁可负担相对较高的房价或房租，并容忍相对较低的工资或收入（Rosen，1974）。拉帕波特（Rappaport，2008）基于一个简单的静态一般均衡模型表明，大都市地区居民消费舒适物的适度差异会导致其人口密度差异很大。大城市的高平均工资可以由高技能的工人居住选择来解释（Lee，2010），也可以用消费品多样性对应的高租金成本来解释（Stahl，1983；Rivera Batiz，1988）。甚至有学者认为实际工资往往随城市规模降低（Tabuchi and Yoshida，2000），以此作为消费方面经济集聚的证据。阿诺特（Arnott，1979）从居民效用最大化角度分析城市最优规模，认为在级差地租与公共物品支出相等时城市人口规模最优。格莱泽（Glaeser，2001）、孔繁花等（Kong et al.，2007）都利用享乐价格模型对城市舒适性进行理论和实证研究。周京奎（2009）利用233个城市的经验数据发现，城市舒适性对房价和工资的影响存在显著的区域差异，住宅价格和工资之间不会因城市舒适性的差异而相互进行补偿，表明我国住宅市场和劳动力市场的溢价发现与调整机制还不健全。

第二，问卷调查法。问卷调查法属于定性研究，能够深层次多维度挖掘舒适物的主观价值，因为不同的人对舒适物的认识具有差异性，问卷调查法是分析城市舒适性影响个人及企业区位选择的惯用之法（Simon，

1998；Wenting et al.，2011；Plane and Klodawsky，2013；Buckman et al.，2017）。布莱克等（Black et al.，2002）尝试将问卷访谈等社会调查方法和特征价格法结合起来，以增强方法的说服力。

第三，指标体系法。城市经济学对舒适物或生活质量的研究主要关注影响城市发展的因素，与社会环境、自然环境等一系列区域属性指标有关（Cebula and Vedder，1973），在社会环境中，包公共服务、失业率等，而自然环境中，包括空气质量、温度等。根据舒适物或生活质量概念构建多维度指标体系（Liu，1976），但在指标选取和权重赋予上具有较大的主观性。

第四，工具变量法。卡利诺与萨尔茨（Carlino and Saiz，2008）通过城市吸引旅游观光的人次来评估城市吸引力，因为游客看重的因素，如靠近海边、优美的自然景观、丰富的历史文化遗产和休闲娱乐设施等，也是居民选择在城市工作和生活时需要考虑的关键因素。此外，潜变量法（Nestor，2000）、旅游成本法（Fleming and Cook，2007）、空间分析法（Tapsuwan et al.，2012；Kaswanto，2015）、建模法（Graaff and Raspe，2013）也有较多应用。

2.2.2 消费舒适物与劳动力流动

（1）劳动力流动影响因素研究

大规模劳动力流动是伴随着工业化与城市化而出现的经济社会现象。自英国工业革命后，有关劳动力流动研究非常丰富，而劳动力迁徙动机和决策是历来研究者较为关注的问题。从经济视角来看，推拉理论认为，一些消极因素促使劳动力离开原居住地，一些积极因素吸引劳动力迁入新的居住地（Lee，1966）。传统上，区域间收入差异和就业机会被认为是劳动力迁徙的主要驱动力（Greenwood，1975；童玉芬和王莹莹，2015）。由于迁徙具有成本，包括经济成本和心理成本，那么，地区间的收入差异只有在高于迁徙成本时，才有可能发生迁徙（Todaro，1969；Gormley，1971；王桂新等，2012）。此外，户口（李晓春和马轶群，2004；梁琦等，2013；杨晓军，2017）、房价（Helpman，1998；Rabe and Taylor，2012；张莉等，2017）、市场潜力（尹靖华和韩峰，2019）、外资集聚（臧新和赵炯，2016）也是劳动力流动的重要影响因素。从社会学视角来看，大多研究从相对剥离感（Stark，1984；Flippen，2013）、包容度（Florida，2002；李叶妍和王锐，2017）、社会互动（陆铭，2011；潘静和陈广汉，2014）等角度考察劳动力流动机理。

迁移率是所有劳动力流动行为的总和，这意味着所有劳动力都是同质性的假设，用迁移率等加总数据容易忽略劳动力流动的个体异质性（夏怡然和陆铭，2015）。劳动力流动的决策行为不仅受到个体或家庭特征的影响，而且受到流入地和流出地之间的距离影响，以及流入地层面的特征影响。随着微观资料的完善和计量方法的改进，从个体或家庭微观视角考察劳动力流动决策的研究日益得到重视，直到麦克法登（Mcfadden，1974）提出条件 Logit 模型才真正意义上解决了这个问题。近年来，国内应用条件 Logit 模型，使用宏观与微观层面匹配数据的研究开始增加，并且做出了很有价值的研究。比如，夏怡然和陆铭（2015）以中国传统故事"孟母三迁"为引子，使用 2005 年人口抽样调查微观数据与城市特征数据，研究公共服务如何影响劳动力跨城市流动选择。张莉等（2017）基于城市房价持续上涨背景，使用中国劳动力动态调查数据（CLDS）与城市特征数据，研究房价是否抑制了劳动力流入。张海峰等（2019）基于人们对美好环境诉求日益强烈的背景，使用中国劳动力动态调查数据（CLDS）与城市特征数据，研究城市生态文明建设对劳动力流动的影响。这些研究为本书从生活消费视角，使用宏微观匹配数据和条件 Logit 模型研究提供了重要参考。

（2）舒适物对劳动力流动影响研究

城市舒适物能够吸引人口的根本原因在于人们对高水平生活的追求（Rappaport，2009）。年龄、职业、收入差异的不同群体，追求的城市舒适物类型往往也不相同。克拉克与亨特（Clark and Hunter，1992）的实证表明，气候、沿海等自然舒适物对于中年男性吸引力更大，就业市场好的市中心对年轻男性吸引力更大，文化舒适物对创意阶层的人群吸引力更大。克拉克（Clark，2003）的研究表明，年轻大学生更偏好于人工舒适物水平较高的城市，老年人更喜欢自然舒适物水平较高的城市，而高新技术人才则倾向于两者水平均较高的城市。现在有大量文献表明，舒适物在移民决策中起着重要的作用（Partridge，2010）。布吕克纳等（Brueckner et al.，1999）提出了一种基于舒适性的收入区位理论，认为不同收入群体的相对位置取决于城市便利设施的空间格局，当这个中心比郊区具有强大的便利性优势时，富人很可能居住在中心位置。

从消费视角来看，生活质量和消费物逐渐成为驱使劳动力流动重要力量。格雷泽等（Glazer et al.，2003）假设两个消费者偏好不同的且不可贸易的商品，每个消费者的效用随着可用商品数量的增加而增加，并且随着他喜欢的商品种类的增加而增加，这种偏好导致城市集聚。克罗泽（Crozet，2004）认为市场潜力较高的地方，因其消费价格指数较低，从而吸引更多劳动力流入。地区间生活质量差异对劳动力迁徙具有影响，生活质量是区域竞争的优势所在（Shapiro，2006）。公共服务因素也引入劳动力流动研究之中，除了工资和就业，劳动力还会为了基础教育、医疗设施和社会保障等公共服务选择流向一个城市（Sharp，1984；Bayoh et al.，2006；Oates，1969；汤韵等，2009；杨刚强等，2016；王有兴等，2018）。国内学者研究认为流动劳动无法享受城市公共服务阻碍了劳动力流动（陆铭，2011），由于这种排他性的户籍限制，公共服务在劳动力决策中的作用往往被忽略（夏怡然等，2015）。国外学者更关注于气候舒适物对劳动力流动的影响（Graves，1976），同时关注到移民生命周期（Graves and Knapp，1988）、空间异质性（Rijnks et al.，2018）等对劳动力流动的影响。相比较而言，我国更偏向于研究公共服务对劳动力流动的影响，相关研究的深度和广度仍有待挖掘。

　　随着时间的推移，人们对舒适物的需求内容也在发生变化，这推动了人口的不断迁移。20 世纪初期，美国进入"逆城市化"阶段，人们追求慢节奏或安静的生活方式，自然舒适物成为人口迁移的重要拉力，从而产生追求舒适性的人口迁移，称之为"舒适性迁移"（Kaltenborn，2007）。拉帕波特（Rappaport，2008）通过实证研究发现消费舒适物分布差异引起了城市间人口密度的差异。最初关注到的城市舒适物是自然舒适物，人们会因为一个地方的气候、山川、河流等自然景观的吸引迁居（Waltert and Schläpfer，2011）。诸如环境污染、交通拥堵等降低城市舒适性的大城市病，就是人口迁移的排斥力，人口的郊区化和逆城市化就是对舒适物的追求。也有学者将公共服务引入劳动力流动研究之中，相关研究考察了教育水平（Sharp，1984；Bayoh et al.，2006）、公共性财政支出（Day，1992；Dahlberg，2012）、公共服务质量（Oates，1969）等对劳动力流动的影响。

2.2.3　消费舒适物与幸福感

（1）幸福感影响因素研究

幸福经济学，真正兴起于 20 世纪 90 年代，并涌现出一系列具有广泛影响力的研究，如克拉克与奥斯瓦德（Clark and Oswald，1996）、伊斯特林（Easterlin，1995）、布兰奇弗劳尔等（Blanchflower et al.，2004）等。幸福有多个感受维度，维度与维度之间往往存在矛盾，而幸福感作为一种主观感受通常受情绪、情境和时间等因素影响（刘军强等，2012）。幸福是现实生活的主观反映，可以体现人们对当前生活的满意程度，并通过综合生活各方面的感受来做出评价（马晓君等，2019）。幸福感是个人对自己整体生活质量的评价程度（Veenhoven，1991；Diener et al.，1999），不仅受到个体特征影响，还受到经济社会等聚合因素影响（Clark，2018）。一定程度上，国民幸福已成为衡量社会进步的重要指标（马志远和刘珊珊，2019）。近年来，学界对幸福感的主观和客观认识存在分歧。主观幸福感理论认为人的幸福由主观意识决定，强调体验性和内省；客观幸福感理论认为人的幸福感由客观情况决定，强调客观真实性和价值（王艳萍，2017）。经济学视域下，幸福感研究并非仅指狭义的经济学领域研究，其研究分支中更包含了社会学、环境学的全部和生物心理学的部分内容（李冬冬，2019）。

关于幸福感的影响因素是经济学较早研究课题，其中较为普遍的观点认为收入水平与幸福感成正比（Deaton，2008；官皓，2010；张学志和才国伟，2011）；男女双方的相对收入也会对居民生活幸福感产生显著影响（程超和温兴祥，2019；何立新和潘春阳，2011；马万超等，2018）；居民收入在财政支出作用于居民幸福感的机制中起到中介效应（刘宏等，2013；黄曦和傅红春，2019）。在收入之后最受关注的是失业与较低的幸福感相关（Gruen et al.，2010；Mousteri et al.，2018），但群体性失业是幸福感下降的幅度小于个体性失业时幸福感下降的幅度（Clark and Oswald，1994；Clark，2003）。此外，城市的住房满意度（Hu，2013）、年龄（Blanchflower and Oswald，2008；Cheng et al.，2015）、性别（Alesina et al.，2004；Lueptow，2001；Clark，1996）、受教育程度（Clark，2018）、社会平等性（Lei et al.，2017；Hirschman and Rothschild，1973；Senik，2004；崔巍和邱丽颖，2019；陈云松和张翼，2015；郭进等，2018）、自然环境（Van Praag and Barsma，2005；Luechinger，2009；Welsch，2006）、便利设施（Ferreira and Moro，2010；Ferrer-iCarbonell and Gowdy，2007；Krekel et al.，2016）和政府规模（Bjørnskov et al.，2007；Patrick Flavin et al.，2014）、政府质量（Helliwell and Huang，2008；李清彬和李博，2013；戴海东和易招娣，2012）、社会保障制度（马红鸽和席恒，2020；

王延中等，2016；邓大松和杨晶，2019；阳义南和章上峰，2016；张子豪和谭燕芝，2018）等因素都对主观幸福感有显著影响。

一些学者尝试构建了国民幸福感评价指标体系，用以量化测度我国国民幸福感。陶涛等（2014）从幸福潜力提升而非幸福状态判断的视角，分经济、健康、文明和社会四大维度35个分指标建立家庭幸福发展指标，发现影响家庭幸福发展的因素呈现多元化发展趋势。郑方辉等（2015）从主观幸福感内涵出发，借鉴罗纳德·英格哈特范式，采用层次分析法及专家咨询调查法，建立了包括5个一级指标、10个二级指标的公众幸福指数测量指标体系，结果发现公众主观幸福感（感性幸福）与现实生活质量满意度（理性幸福）存在明显反差，幸福感远高于满意度。张兴祥等（2018）采用LASSO统计筛选法有效选择重要变量，从经济生活、政治生活、文化生活、人际关系、健康状况和环境状况6个维度构建我国国民幸福感评价指标体系，实证结果显示家庭生活满意度、自我价值评价、社会福利保障满意度和生活方式健康度评价对幸福感的影响最为显著。王思博（2018）借助结构方程模型，从个人特征、社会资本特征、生态环境特征和公共服务保障四个层面构建居民主观幸福感的影响因素结构模型分析框架，以评价我国居民主观幸福感，发现个人特征和社会资本特征对居民幸福感的影响程度较深。

（2）舒适物对幸福感影响研究

环境质量和娱乐、休闲机会等舒适物可以提高人们生活质量（Deller et al.，2001；Nzaku and Bukenya，2005），并为社会提供一系列健康益处（Maas and Verheij，2007）。第一，舒适物与人类健康直接相关。波迪亚尔等（Poudyal et al.，2009）检验了自然资源便利性对人类预期寿命的影响，发现在控制了社会人口和经济因素，医疗设施和风险因素之后，拥有自然舒适物的地方预期寿命更长。自然景观舒适物对人的审美欣赏、健康和福祉具有显著影响，即短期内可以从压力或精神疲劳中恢复过来，更快地从疾病中恢复身体健康，并长期改善人们的健康状况（Velarde et al.，2007）。气候对许多患者的健康有着重要的影响，极端的热和冷肯定是有害的，再加上即使是中等热的条件也会增加对肠道疾病的敏感性，而中等冷的条件则会增加对呼吸系统疾病的敏感（Ullman，1954）。此外，雷丹兹与麦迪逊（Rehdanz and Maddison，2005）考虑气候的作用，尤其是温度和降水量，并分析气候变化如何影响主观幸福感。

第二，舒适物直接影响人们的生活幸福感。普拉内与科洛夫斯基

（Plane and Klodawsky，2013）访谈调查城市绿地、幸福感以及社区的归属感之间的联系，发现与公园的美感相比，包容性社交活动以及在公园与他人互动的能力对健康更重要。国外对自然环境的社会效应研究较为重视，从气候、绿地和污染等视角关注环境对幸福感的影响，并已形成较为丰富的研究成果。污染降低了生活满意度，比如飞机噪音（Van Praag and Barsma，2005）、空气污染（Luechinger，2009；Welsch，2006）等。休闲活动不仅可以提高娱乐满意度和个人经验，还可以帮助人们保持身体健康、公共健康（Kruger et al.，2007）。绿色空间和便利设施总体上提高了可进入者的幸福感（Ferreira and Moro，2010；Ferreri Carbonell and Gowdy，2007；Krekel et al.，2016）。

此外，舒适物摄取不公平也会影响居民幸福感。王宁（2010）基于社会学视角，结合广州大学城案例，分析城市内部舒适物配置和摄取不平等现象。吴军和张娇（2018）对北京四大类文化舒适物进行统计分析，发现北京文化参与在空间分布上具有不均衡性，认为需要注重空间公平性。优质教育等舒适物空间配置、享有机会存在非均衡性和不公平性（叶建亮，2006；李永友和王焱，2016），这会影响到居民幸福感，抑或为了更好地享有舒适物而流动（夏怡然和陆铭，2015）。

2.2.4　消费舒适物与产业结构升级

（1）产业结构升级影响因素研究

产业结构升级是供给侧结构性改革的核心内容，也是经济高质量发展的关键所在。可以说，产业结构升级是经济增长的动力所在（Kozo，2014），改革开放以来中国经济发展取得的成就归因于产业结构转型升级（Cheong and Wu，2014）。产业结构升级是一国产业由低端向高端发展的转变过程，在此过程中产业由劳动密集型向资本和技术密集型过渡，并逐渐攀升到全球价值链高端（Gereffi，1999；Humphery and Schmitz，2002；Utar and Ruiz，2013）。一般来说，产业升级包含合理化和高级化两个维度，高级化是指产业结构从低级到高级的动态演进过程，合理化是指三大产业间的数量比例关系趋向协调平衡并带来最佳经济效益的过程（毛军和刘建民，2014）。干春晖（2011）从这两个维度出发，测度了中国产业结构合理化和高级化程度。

国内外学者从多种角度探讨了驱动中国产业结构变迁的动因，产业政策、市场调节、生产环境、生产集聚、劳动力流动和消费等是产业结构升级的重要影响因素。第一，产业政策推动产业结构升级。韩永辉等（2017）利用产业相关地方性法规和地方政府规章识别产业政策，研究认为地方推行产业政策显著促进了地区产业结构合理化和高度化水平，但是这种推动作用高度依赖地方市场化程度，也取决于地方政府的治理模式。因此产业政策对产业结构升级研究应当从"定向诱导"突破到"区位定向诱导"，也要考虑相关政策的空间外部性，以最大化产业政策的推动作用（贾敬全和殷李松，2015）。在政策选择上，财税政策推动高新技术产业增加值率提高和内部结构优化，其中财政激励政策对高新技术产业产出增加效果更为明显，税收优惠政策对其结构优化作用更大（张同斌和高铁梅，2012）。同样开发区政策能够推动城市制造业内部结构变化，政策目标与当地比较优势契合度越高，开发区政策对当地目标行业的各项经济指标提升作用越显著（李力行和申广军，2015）。

第二，产业结构升级是市场调节的结果。强调产业结构升级的实质是要素资源优化配置，需求、金融、贸易开放、城镇化等都是产业结构变动的重要因素。研究认为，扩大总需求以及需求结构变动对中国产业结构升级均有显著影响（郭克莎，2019；颜色等，2018），恩格尔效应、投资效应和转移成本效应是需求推动产业结构变动的主要路径（郭凯明等，2017）；金融发展对产业结构升级具有正向促进作用，金融经营效率、金融规模、金融产出率等都与产业结构存在长期均衡关系，并通过技术创新的中介机制加速产业发展（钱水土和周永涛，2011；易信和刘凤良，2015；罗超平等，2016）。另外，贸易开放借助增加物质资本、刺激消费、提升技术、促进制度变革等方式加速产业结构高级化发展和服务业内部升级（蔡海亚和徐盈之，2017）。在开放体制下，中国双向 FDI（外商直接投资）对产业结构升级产生积极效果，长期内 OFDI（对外直接投资）对产业结构合理化效果更明显，IFDI（外商直接投资）对产业结构高级化的促进作用更显著（贾妮莎等，2014）。综合来说，新型城镇化能够显著提升产业发展层次，在此过程中金融支持、科技发展、市场化程度都有显著正向影响（蓝庆新和陈超凡，2013）。另外，在城市集群过程中，区域分工是地区产业结构升级的重要推动力（Bing and Lijing，2012）。

第三，产业结构升级中的环境因素受到重视。产业结构升级和可持续发展紧密相关。李健和周慧（2012）运用灰色关联法研究发现第二产业发展是地区碳排放强度的主要影响因素，第三产业发展有利于降低碳排放强度，但效应并不明显。在此基础上，原毅军和谢荣辉（2014）利用门槛回归模型检验了环境规制对产业结构的影响及异质性，他们认为正式环境规制能够有效驱动产业结构调整，随着规制强度由弱变强，对产业结构先后产生抑制、促进、再抑制的影响。

第四，集聚经济与产业升级。任栋（2015）认为经济集聚能够推动产业结构升级，而产业结构升级差异的重要因素是劳动力的流动。陶长琪和彭永樟（2017）认为经济集聚的外部性导致知识溢出，知识溢出会使技术创新对区域产业结构升级产生空间效应。进一步研究发现，金融集聚对产业结构变迁的影响存在异质性，受到产业发展阶段和城市规模限制，只有东中部地区、特大城市和大城市金融集聚才能促进产业结构升级和发挥空间溢出效应（于斌斌，2017）。

第五，消费对产业结构升级的作用开始受到重视。陈胜和马凌（2014）以信息产业中的科技人才为例，分析了科技人才城市舒适物偏好的影响因素，以及不同的城市舒适物偏好最终如何影响其就业城市选择。杨天宇和陈明玉（2018）认为恩格尔效应和鲍莫尔效应是消费升级带动产业升级的重要机制。一些研究认为，消费转型升级以及消费模式创新发展能有效推动产业结构升级，尤其是对电子商务等信息服务业促进作用明显（石奇等，2009；袁小慧等，2015）。然而，消费升级产生的进口产品替代效应，会在一定程度上抑制国内消费产业发展，从而不利于国内产业结构升级（耿献辉和江妮，2017）。

（2）舒适物对产业结构升级的影响研究

人力资本以及劳动力流动是产业结构升级的动因。企业选址决策通常考虑包括土地、劳动力和资本的新古典主义三重成本，而高新技术企业并不太关心运输等传统市场因素，但极其关注其所在行业特有的集聚经济（Malecki and Bradbury，1992；Edward and Malecki，1985）。熟练的员工通常是高科技公司选址考虑的首要因素，而高科技员工倾向于工作生活在舒适的地方，因而越是精英型的高新技术企业，对舒适物的敏感度越高（Gottlieb，1995）。此外，劳动力流动通过本地市场效应和人力资本积累机制促进城市产业升级（曹芳芳等，2020）。苏杭等（2017）认为产业结构升级依赖于要素结构升级，相对于其他因素，劳动力投入特别是人力资本积累是我国制造业升级的主要驱动因素。由于我国投入导向的增长模式和劳动力质量空间分布不均衡，人力资本水平提升会加速产业结构升级，但这种促进作用只发生在东部地区（张国强等，2011）。汪伟等（2015）

进一步研究了人口老龄化的产业结构升级效应，他们认为人口老龄化增加了消费需求、也加速了人力资本积累，进而倒逼资本和技术替代劳动，总体上人口老龄化对产业结构升级的效应为正。郑姝莉（2014）分析了制度舒适物如何作用于人才吸引，进而影响城市的发展。高波（2012）等将城市房价和劳动力流动结合起来，认为城市房价升高，会减少就业人数，促使产业价值链向高端攀升，进而实现了产业升级。还有学者从人力资本与产业结构匹配、人力资本异质性、人力资本集聚效应等角度展开研究（童蕊和李新亮，2015；尤济红，2019；李敏等，2019；孙海波等，2017；符建华和张世颖，2019）。

舒适物作为新的城市发展动力，主要体现在影响人才流入方面（Florida et al.，2008）。知识经济时代，人力资本取代物质资本成为经济和社会发展的主要驱动因素，城市的发展潜力取决于城市对人才的吸引力（Sjaastad，1962；Todaro，1969）。陈胜和马凌（2014）具体研究了信息产业科技人才的城市舒适物偏好影响因素。此外，城市对人才的吸引能有效带动企业选择来此，通过人才集聚带来产业集聚（Lucas，1988；Glaeser et al.，1995；Simon，1998），尤其是高新技术行业的人才集聚对产业集聚的影响更为重要（Glaeser et al.，2001）。产业集聚可以通过合作与竞争促进产品创新，并实现规模经济（Arthur，1996）。城市发展需要吸引人才，通过人才聚集效应来推动区域的发展。而相对于收入差异对人才的吸引力，娱乐、生活方式和城市舒适性等因素更为重要（Florida，2002；Florida et al.，2008；Glaeser et al.，2001；Mellander et al.，2012）。经济社会发展使得居民闲暇时间增加且受教育程度提高，消费升级使得人们的消费更加多元化且个性化，人们更关注艺术和其他美的事物。舒适物是可以作为地区和城市对外营销策略，通过提高城市舒适性，促使消费者、投资者来此消费、投资，甚至在此生活（Rogerson，1999；Clark et al.，2002）。就具体推动城市发展的舒适物而言，既可以是适宜的气候、自然景观等，也可以是歌剧院、果汁吧、餐厅和咖啡馆等具体舒适物，还可以是多元、包容的文化环境（Glaeser et al.，2001；Clark，2003；Florida，2005）。城市周边房价上涨，就表现出舒适物在提升城市吸引力、促进城市复兴的重要作用（Ahlfeldt et al.，2010；Noonan，2007）。

从国内研究来看，段楠（2012）以创意阶层为分析对象，结合城市舒适性和弱连接理论解释"逃回北上广"现象，认为这是非均质空间下创意阶层的区位选择结果。王宁（2014）以"地方消费主义"思想为支点，构建产业结构升级的消费介入机制，认为在劳动力自由流动下，城市舒适物以人才集聚为中介可以助推产业结构升级。马凌（2015）基于城市舒适物视角，审视与城市发展的新的研究范式和政策框架，认为舒适物已成为高端人才流入、城市发展的重要因素。温婷等（2016）通过相关系数检验，发现城市舒适物水平与人口迁入和人才迁入均呈正相关，其中与人才迁入的相关性相对更高。郑丹（2019）基于土地财政背景，采用联立方程法，考察城市舒适性对城市集聚发展的作用机制，发现城市舒适性的集聚效应受到土地财政制约，产业集聚是城市舒适性作用于城市集聚发展的重要路径，城市舒适性提升 1 个标准单位，人口集聚上升 0.25%，产业集聚上升 0.148%。何金廖（2019）将城市舒适性与产业集聚联系起来，探讨南京的城市舒适性对南京品牌设计等创意产业集聚的作用机理。温婷（2019）基于芝加哥城市发展经验，从舒适物角度为我国传统工业城市提出转型策略，比如以生态为底、以人为本打造舒适性软硬环境。

2.3 本章小结

长期以来，以城市发展为主题，已形成一系列卓有成效的研究，其中，基于消费视角的城市发展研究日渐增多。综合国内外研究来看，舒适物理论作为新的城市发展理论框架，日益受到国内外学者关注。从国内外研究比较来看，第一，舒适物研究侧重点存在差异。以美国为主要代表的国外研究更强调自然舒适物，而国内强调公共服务等人工舒适物，这可能与国家经济发展阶段有关，不过随着后工业化时代到来，当前国内研究对自然舒适开始逐渐重视。厄尔曼（Ullman，1954）给出了另一种解释，即在美国大陆，那里的文化、教育、卫生设施等舒适物的空间分布相当均匀，人们对自然舒适更加关注。第二，由于舒适物涉及众多学科，相应评估方法也较为多样，其中，特征价格法是国外研究的主流方法，但在国内未必适宜。空间均衡估计结果割裂了生产与消费的关系，使得往往经济落后、偏远地区的舒适物水平排名靠前，这与我国现状不符。同时，周京奎（2009）指出我国住宅市场和劳动力市场的溢价发现与调整机制尚不健全，住宅价格和工资之间不会因城市舒适性的差异而相互进行补偿。此外，使用罗列式的研究，一定程度造成共线性问题，不利于对舒适物的经济社会效应的整体把握。相比较而言，指标体系综合测算法能够较好地体现舒适物系统概念，没有割裂生产和消费关系，且直观易于理解。第三，目前国外对舒适物的研究比较丰富，而国内尚处于理论探讨阶段，相关实证研究匮乏，尤其是舒适物驱动城市发展的经验论证方面。

当前，中国处于后工业化初级阶段，城市经济亟待转型升级，从城市消费舒适物视角深入研究具有现实意义和理论意义。因此，本书界定了消费舒适物、城市消费舒适物的概念，并从劳动力要素集聚与产业结构升级两个维度解读城市发展。已有研究初步挖掘了消费舒适物内涵，并对消费舒适物与城市发展关系进行了初步探讨。但依然存在以下问题。第一，城市消费舒适物内涵及测度研究较少。由于国内外情景的差异性，新时代背景下城市消费舒适物内涵、量化指标及评价体系仍待突破。第二，消费舒适物驱动城市发展机制尚缺少系统深入的研究。舒适物作为"舶来品"，是否适用于中国情景，当前已有研究还很欠缺，仍需要对其内涵进行深入刻画，构建合理的指标体系，并使用中国经验数据进行论证和检验。第三，以往研究忽略城市舒适物的空间分布格局与劳动力流动空间关系研究。高铁时代，区域间联系日趋紧密，空间因素越来越值得关注，而已有城市舒适物与劳动力分布研究缺少空间维度拓展和分析。

3

城市消费舒适物内涵及其水平测度

3.1 城市消费舒适物水平测评

3.1.1 城市消费舒适物内涵

城市消费舒适物，是指城市范围内能满足人们美好生活需要的集体消费品所构成的系统，是衡量地方消费质量的重要指标。其中，集体消费品是广义上的消费品，包含内容更丰富。严格地讲，衡量一个城市的消费舒适物水平，不仅取决于某一类舒适物的数量和质量，还取决于不同舒适物的匹配性或综合性。也就是说，虽然小城市或农村在自然舒适物上有优势，但在消费舒适物系统配套上远远逊色于大城市，这也是人口不断向大城市集聚的主要原因。一定程度上，商业消费品也可以视为集体消费品。从产权上看，商业消费品不是财政支持，属于私人消费。然而，随着生产力提升，商业消费在某种程度上来说是没有歧视的，所有人都可以通过购买而消费，而且商业消费也存在"正的外部性"，具有准公共产品的性质。比如大型超市、大型游乐园等为当地居民提供更多消费机会，却很少存在消费挤占现象。

"美好生活需要"内涵更为丰富，已经从物质文化需要，拓展到社会文明、生态文明等需要。消费需求上升规律表明，居民消费需求由低到高升级，呈现出层次性，而随着我国居民收入不断增加，居民的享受型和发展型消费需求日益强烈（毛中根和叶胥，2016）。随着步入中等收入国家行列，我国居民生活水平得到显著提升，人们开始追求更高的生活质量，比如更好的教育、更优美的环境、更丰富的文化生活。对应于美好生活需要，城市消费舒适物理应体现出更多内涵，来反映人民对美好生活需要的满足程度，从这个层面上强调了消费需要广度和深度。

城市消费舒适物并未割裂"消费"和"生产"之间的关系。消费舒适物往往基于经济发展而增加，这说明消费舒适物建立在一定经济基础之上。尽管自然舒适物可能相对独立，比如在经济落后的地方自然环境更为舒适，但也会受到人为因素的影响，如环境修复能力。虽说在个别地域上空气或水资源具有显著优势，但这是建立在人口容量一定的前提之下。事实证明，人口规模的扩大将给人们带来更多的消费机会，也意味着需要在人口增长过程中动态修复自然生态，这对当地居民来说也非常重要。本书将环境治理能力视为舒适物，避免割裂"自然"与"人工"之间的关系，因此更有利于从辩证的角度理解消费舒适物的内涵。

3.1.2 城市消费舒适物水平指标体系构建

（1）构建原则

指标体系的构建没有统一的标准，不同评价对象和评价角度，会得到不一样的指标体系。在长期实践的基础上，逐步形成构建指标体系所应遵循的基本原则。本书以舒适物理论为指导，结合当前我国人民对美好生活需要的实际情况，采用理论与实证相结合的设计方法，构建城市消费舒适物的评价指标体系。

科学性与可操作性原则。科学性是构建城市消费舒适物评价指标体系的基础性原则。科学性包括两个方面的内容：一是指标的选取和设计必须充分体现消费舒适物的主要内容及内在联系，能够充分体现消费舒适物系统的内在机制；二是评价指标的选取、数据的收集、测算方法等要以理论为依据，做到指标定义明确，测算方法科学，以确保评价结果的科学性。可操作性要求在指标的选取过程中，注意数据搜集的可靠性、易得性，应做到以下两点：一是所使用的指标数据应尽可能来自国家统计部门或专业机构公开发布的资料；二是尽量使用定量指标，少用或不用定性指标，以确保数据资料的可量化。

主导性与层次性原则。城市消费舒适物是由若干子系统组合而成，每个系统又包含若干子系统，建立指标体系应依照系统论，但又要尽量避免形成庞大而复杂的指标树，因此要力求抓住系统中的主要因素，突出研究重点。同时，指标体系应该层次分明，应根据指标间的内在关联将指标分为不同层次，避免指标的简单堆砌。

目标性与以人为本原则。目标性原则强调指标的选取要从评价目标出发，选择能够客观反映评价对象的关键指标。选取的指标须能反映出消费舒适物的内涵，同一层次的指标应可以相互补充、相互联系，不同层次的指标应可以相互兼容，下一级的指标构成可以更好地反映上一级的内容。评价目的不同，同一个评价对象所需要构建的指标体系存在差异，因此需要明确目标导向。城市消费舒适物的核心是以人为本，以人的需要为导向。指标的设置过程中，尽可能多使用人均指标或与人们生活密切相关的指标。

依据消费舒适物内涵，遵循测评基本原则，结合城市数据的可得性，构建城市消费舒适物评价指标体系。本书将指标体系设为三个层次，其中，一级指标包含公共服务、人文、生态、商业等四个方面，在一级指标下设置医疗条件、教育条件等 11 个二级指标来充分体现消费舒适物内涵。城市消费舒适物指标体系具体情况及其说明可见表 3 - 1。

表 3 - 1　　　　　　　城市消费舒适物水平评价指标体系

目标层	一级指标	二级指标	三级指标	单位	方向
城市消费舒适物水平	公共服务	医疗条件	万人医院数	个	+
			万人床位数	张	+
			万人医生数	人	+
		教育条件	高等学校数	所	+
			万名在校中学生教师数	人	+
			万名在校小学生教师数	人	+
		交通条件	人均道路面积	平方米	+
			万人公共汽车数	辆	+
	人文	文化产业规模	文体娱从业人数	万人	+
		人文设施条件	万人公共图书馆藏书	千册	+
		社会包容度	单位 GDP 使用外资金额	美元	+
			万人互联网用户数	户	+

续表

目标层	一级指标	二级指标	三级指标	单位	方向
城市消费舒适物水平	生态	环境绿化	万人公园绿地面积	公顷	+
			建成区绿化覆盖率	%	+
		环境污染	PM2.5浓度	微克/立方米	−
			工业废水排放量	万吨	−
			工业二氧化硫排放量	吨	−
		环境治理	生活垃圾无害化处理率	%	+
	商业	商业便利度	社消零售总额	万元	+
			批发零售企业数	个	+
		商业发展水平	人均社消零售总额	万元	+

资料来源：笔者自行绘制。

（2）指标选择

参考相关舒适物研究，本书从人的偏好视角对消费舒适物进行概念化操作，并结合当前各类消费舒适物的重要性，选取具体指标如下。

公共服务。公共服务是城市消费舒适物的重要内容，对城市发展的影响尤为关键。具体来看，考虑到医疗、教育、交通与居民生活息息相关，分别用医疗条件、教育条件、交通条件三个次级指标予以反映。相关研究认为，21世纪以来基本公共服务差异成为区域经济的显著特征，公共服务在吸引劳动力流入方面作用日益重要（常世旺等，2015；武优勐等，2019）。随着收入水平的提高，劳动力流动不再是单纯地追求更高的工资和更好的就业机会，而享受更好的基础教育和医疗等公共服务成为新的追求（汤韵等，2009；杨刚强等，2016；王有兴等，2018）。教育、医疗以及交通等不仅是基本的社会保障和福利，而且不易向外运输，被众多学者普遍看重并纳入舒适物评价体系中（Glaeser et al.，2003；王宁，2014）。

人文。后工业与全球化的趋势正在显著提升文化的重要性，文化环境对城市经济效力的作用日益凸显。文化环境可以分为文化硬环境和文化软环境，反映了地方的社会宽容、文化素质、文化多元等程度，本书分别用文化产业规模、人文设施条件、社会包容度三个次级指标予以反映。其中，考虑到社会包容度测度数据的可获得性，以及其与经济社会开放度有较强的关联，本书选取开放度作为测度指标，具体指标参考赵勇和魏后凯（2015）、郝国彩等（2018）。城市是人的城市，发展最终目的是更好地满足人的需要，如今城市的生活和消费功能日益凸显，传统的城市发展模式逐步转变。创新是城市发展的重要驱动力，而创意阶层逐渐成为创新的重要力量，其对文化舒适物的偏好更强，也使得文化环境及休闲设施不再是经济发展的附属产物（Florida，2004）。

生态。良好生态环境是最公平的公共产品，是最普惠的民生福祉。本书用环境污染、环境绿化、环境治理三个次级指标刻画生态环境。以往舒适物研究主要侧重于自然环境，比如阳光、湿度、空气、山川、森林、河流、沙滩等气候条件和自然本底（Brueckner et al.，1999；Clark，2004），而忽略环境治理层面。杨义武等（2017）将城市污水处理率纳入地方公共品评价。范子英和赵仁杰（2019）选择工业污水和工业二氧化硫作为地级市环境污染的衡量指标。生态环境其他三级指标构建，具体参照孙平军等（2015）、李强（2017）、唐志鹏（2018）、潘闽和张自然（2019）。

商业。发达的商业能给当地居民带来消费便利，能增强城市活力，也是城市舒适物的一部分（Glaeser et al.，2001）。消费多样性、便利性、水平等是影响居民生活质量的重要因素，商业便利度（消费规模）、商业发展水平（消费水平）等是商业发展的重要维度。当地消费多样性能够为消费者带来更多效用（Glazer et al.，2003）。由于服务业数据不易获取，本书用社消零售总额、批发零售企业数来反映商业消费规模，间接衡量商业便利度，用人均社消零售总额衡量商业发展水平。消费规模是已有研究易忽略的指标，消费具有集聚效应（刘艺容，2008；欧阳崤等，2016），表现为消费者与消费品更好地匹配、消费者之间相互学习、价格更加便宜，有助于提高消费便利性。需要说明的是，以人均社会消费品零售总额来衡量的消费水平与人均消费支出存在明显差异，前者反映地方商业发展水平，后者反映的是个体消费水平，这源于社会消费品零售总额统计是以地域为尺度。

3.1.3 城市消费舒适物水平测评方法

权重分配大体可以分为两种方法：主观权重和客观权重。主观权重是根据一定的理论准则，集中专家等经验来分配各级权重，常用的有德尔菲法、专家打分法等。客观权重法是根据数据的特征，如决策矩阵、方差等来确定权重的一种方法，主要有主成分分析法、变异系数法、熵值法等，较多注重统计理论赋值而很少反映决策者想法。

（1）指标归一化处理

第一步，因各项指标单位不统一，需要进行归一化处理方可使用。当指标为正向时，使用式（3－1）进行测算。当指标为负向时，使用式（3－2）进行测算。

$$X_{ij} = \frac{x_{ij} - x_{min}}{x_{max} - x_{min}} \qquad (3-1)$$

$$X_{ij} = \frac{x_{max} - x_{ij}}{x_{max} - x_{min}} \qquad (3-2)$$

其中，x_{max}、x_{min}分别为j项指标的最大值、最小值。

（2）熵权法

借鉴张卫民等（2003）、于伟等（2018）、陈明华等（2019），将熵权法测算步骤归纳如下。

第二步，计算第j项指标下各城市占该指标的比重，见式（3－3）。

$$p_{ij} = \frac{X_{ij}}{\sum_{i=1}^{n} X_{ij}} \qquad (3-3)$$

第三步，计算第j项指标的熵值，见式（3－4）。

$$e_j = -\frac{1}{\ln(n)} \sum_{i=1}^{n} p_{ij} \ln(p_{ij}) \qquad (3-4)$$

第四步，计算信息熵冗余度，见式（3－5）。

$$d_j = 1 - e_j \qquad (3-5)$$

第五步，计算各项指标的权值，见式（3－6）。

$$w_j = \frac{d_j}{\sum_{j=1}^{m} d_j} \qquad (3-6)$$

第六步，计算各城市的综合得分，见式（3－7）。

$$s_i = \frac{\sum_{j=1}^{m} X_{ij} w_j}{\sum_{j=1}^{m} w_j} \qquad (3-7)$$

（3）等权重法

城市舒适物是各类舒适物构成的系统，涉及的指标较多，考虑到每类舒适物都有其特有的价值，每个指标的重要程度也可视为大体相当，因而等权重法也适用于城市舒适物指标权重的选择。借鉴联合国人类发展指数,同时采用简单透明的均等权重法赋值,对"公共服务"和"人文""生态""商业"四个维度各赋予 1/4 权重,以凸显公共服务、人文、生态、商业四者发展的同等重要性。

3.1.4 城市消费舒适物水平评价结果

(1)数据来源

由于数据可得性,本书得到 282 个地级以上城市的较为完整的 2003~2016 年的经验数据。其中,PM2.5 浓度数据(2003~2016 年)根据美国哥伦比亚大学社会经济数据与应用中心提供的全球 PM2.5 地表年均浓度数据处理得到。其他数据来自《中国城市统计年鉴》(2003~2016 年)、《中国区域经济统计年鉴》(2003~2016 年)。针对城市存在部分年份数据缺失,本书采用线性插值方法进行填补处理。

(2)城市消费舒适物水平评价结果

虽然不同群体对不同消费舒适物具有差异性偏好,而且消费舒适物的评价也具有动态性,但是总体而言,人们在特定时间段对消费舒适物的偏好总体上具有一致性,且时间上具有较强稳定性。比如人们对清新的空气、公园等具有较为一致的偏好,这种偏好在短期内具有较强稳定性。因此,一定程度上,可以将消费舒适物水平作为地方消费质量,在区域间和年度间进行比较。

为了更清晰地考察测评结果,这里仅展现 70 个大中城市的消费舒适物水平。70 个大中城市是国家统计局常用的统计样本,其包含了经济发展水平位于全国前列的城市,兼顾直辖市、副省级城市、省会城市等,兼顾了东部、东北、中部、西部等四个区域,并且包含综合型城市、旅游城市、资源型城市等类型,具有一定代表性,具体见表 3-2。从城市比较来看,消费舒适物水平与城市规模在方向上具有较好的一致性,表现为城市规模越大的往往消费舒适物水平越高。虽然城市规模达到一定程度,将会带来拥挤效应(通勤成本上升、环境恶化等),但此时拥挤效应带来的反舒适物可能被城市规模效应带来的舒适物所抵消(陆铭,2016)。从历年比较来看,各城市消费舒适物水平呈上升趋势,这反映随着经济社会发展,城市舒适物建设不断推进。从方法比较来看,熵值法与均值法评价结果基本一致,一定程度上可以认为测评结果具有较好稳健性。

表 3 - 2　　　　　　　　　　　70 个大中城市消费舒适物水平

城市	熵值法			均值法		
	2003 年	2010 年	2016 年	2003 年	2010 年	2016 年
北京	0.5764	0.7257	0.7457	0.5520	0.7289	0.7691
广州	0.4396	0.6772	0.7240	0.4496	0.6571	0.7189
上海	0.5272	0.7403	0.7217	0.4561	0.6817	0.7086
深圳	0.4898	0.5772	0.6836	0.6165	0.7190	0.7840
杭州	0.2679	0.4762	0.6381	0.3057	0.5005	0.6764
武汉	0.3299	0.4561	0.6188	0.3456	0.4529	0.6413
天津	0.3156	0.5160	0.6050	0.3198	0.4871	0.5906
南京	0.3411	0.4353	0.5993	0.3649	0.4723	0.6531
成都	0.2356	0.4004	0.5480	0.2874	0.4508	0.5744
重庆	0.1901	0.4352	0.5352	0.1523	0.3856	0.4860
济南	0.3690	0.4143	0.5260	0.3696	0.4292	0.5541
长沙	0.2705	0.3799	0.5125	0.3285	0.4387	0.5712
西安	0.2418	0.3583	0.4999	0.3037	0.4069	0.5334
郑州	0.2284	0.3396	0.4961	0.2882	0.3632	0.5254
宁波	0.1986	0.3310	0.4713	0.2848	0.4240	0.5675
沈阳	0.3185	0.4145	0.4584	0.3959	0.4731	0.5245
厦门	0.2602	0.3894	0.4482	0.3801	0.4995	0.5664
青岛	0.2566	0.3310	0.4406	0.3390	0.4255	0.5328
大连	0.2637	0.3810	0.4309	0.3432	0.4446	0.5317
福州	0.2645	0.3752	0.4299	0.3439	0.4540	0.5251
昆明	0.2189	0.3691	0.4272	0.3225	0.4138	0.5005
太原	0.2309	0.3258	0.4194	0.2958	0.3953	0.5046
哈尔滨	0.2324	0.3324	0.4174	0.2552	0.3770	0.4643
合肥	0.2125	0.3105	0.4158	0.2289	0.3730	0.4727
南昌	0.2359	0.3101	0.3931	0.3266	0.3715	0.4435
无锡	0.2132	0.3442	0.3899	0.2946	0.4393	0.5108
长春	0.2336	0.2891	0.3795	0.3232	0.3699	0.4532
乌鲁木齐	0.2212	0.2977	0.3605	0.2872	0.3973	0.4747
呼和浩特	0.1748	0.2729	0.3561	0.2601	0.3980	0.4940

续表

城市	熵值法			均值法		
	2003 年	2010 年	2016 年	2003 年	2010 年	2016 年
石家庄	0.1895	0.2996	0.3523	0.2272	0.3574	0.4034
泉州	0.1477	0.2795	0.3500	0.2415	0.3736	0.4477
贵阳	0.1820	0.2260	0.3446	0.2579	0.3253	0.4388
温州	0.1350	0.2269	0.3445	0.2244	0.3238	0.4630
烟台	0.1833	0.2540	0.3281	0.2878	0.3772	0.4598
南宁	0.1727	0.2607	0.3171	0.2786	0.3255	0.4073
银川	0.2775	0.2154	0.2982	0.4115	0.3565	0.4442
兰州	0.1692	0.2467	0.2862	0.2375	0.3373	0.3640
宜昌	0.1412	0.1644	0.2795	0.2639	0.3020	0.4229
徐州	0.1068	0.1563	0.2757	0.2131	0.2364	0.3709
金华	0.1272	0.1933	0.2706	0.2454	0.3256	0.4175
惠州	0.1485	0.1779	0.2607	0.2163	0.2901	0.4118
包头	0.1275	0.2315	0.2599	0.2563	0.3717	0.4386
海口	0.1997	0.2481	0.2516	0.3125	0.3739	0.3967
秦皇岛	0.1437	0.2029	0.2442	0.2680	0.3466	0.3726
洛阳	0.0921	0.1566	0.2438	0.1945	0.2465	0.3658
济宁	0.0931	0.1775	0.2411	0.2032	0.2908	0.3572
西宁	0.1596	0.1784	0.2389	0.2553	0.3005	0.3814
吉林	0.1139	0.1705	0.2338	0.1807	0.2911	0.3545
三亚	0.1421	0.1654	0.2290	0.2811	0.3143	0.3884
唐山	0.1260	0.1766	0.2247	0.1960	0.2854	0.3355
扬州	0.1271	0.2018	0.2198	0.2489	0.3182	0.3565
九江	0.1611	0.1641	0.2123	0.2065	0.2984	0.3374
牡丹江	0.1251	0.1589	0.2098	0.2523	0.3013	0.3391
襄阳	0.0877	0.1285	0.2073	0.2261	0.2453	0.3308
蚌埠	0.0805	0.1221	0.2060	0.1344	0.2293	0.3364
韶关	0.1325	0.1269	0.1919	0.2428	0.2778	0.3337
丹东	0.1166	0.1960	0.1880	0.2066	0.3375	0.3506
锦州	0.1268	0.1628	0.1878	0.2512	0.2827	0.3280

续表

城市	熵值法			均值法		
	2003 年	2010 年	2016 年	2003 年	2010 年	2016 年
安庆	0.0786	0.1015	0.1819	0.1399	0.1849	0.3273
常德	0.0818	0.1210	0.1818	0.1634	0.2600	0.3169
赣州	0.1310	0.1460	0.1809	0.1904	0.2733	0.2840
岳阳	0.0835	0.1380	0.1808	0.1877	0.2772	0.3236
桂林	0.1228	0.1471	0.1761	0.2578	0.2586	0.3132
平顶山	0.0789	0.1208	0.1603	0.2041	0.2391	0.2950
湛江	0.0781	0.1082	0.1597	0.1965	0.2650	0.2969
泸州	0.0571	0.0791	0.1540	0.1478	0.1735	0.2861
南充	0.0635	0.0843	0.1514	0.1460	0.1939	0.2949
遵义	0.0720	0.1118	0.1485	0.2085	0.2491	0.2725
北海	0.0914	0.1065	0.1411	0.2418	0.2386	0.2877

资料来源：笔者计算。

3.2　城市消费舒适物水平空间格局分析

在城市消费舒适物水平测度基础上，考察中国城市消费舒适物水平的空间格局，并以基尼系数方法分析其空间差异及来源，核密度估计方法分析其绝对差异及极化态势，空间自相关等方法分析其的空间关联，马尔可夫链方法分析其状态的时空转移规律。

3.2.1　研究方法及区域范围

（1）研究方法

第一，基尼系数分解。相对泰尔指数而言，基尼系数分解能够得到更丰富的信息。皮亚特（Pyatt，1976）提出简单易用的基尼分解方法，具体见式（3-8）。这种分解方法不仅可以很好地反映出地区差异，也有利于更好地认识导致地区差异的根源（贾俊雪和郭庆旺，2007）。

$$G = G_w + G_b + G_o = \pi' E^* p \qquad (3-8)$$

其中，G_w 为组内基尼系数，G_b 为组间基尼系数，G_o 为超覆基尼系数，π 为子组消费舒适物水平的比例向量，p 为子组个数占总个数的比例向量。矩阵 E^* 是通过将条件期望矩阵的元素除以相应子组消费舒适物水平均值得到。具体解释不再赘述，详见贾俊雪和郭庆旺（2007）。

第二，Kernel 密度估计。核密度估计是研究不均衡分布常用方法，因其采用非参数估计，较少依赖于模型设定，具有较好的稳健性（Silverman，1986；杨明海等，2017）。核密度估计通常针对随机变量的概率密度，将其分布形态通过连续而平滑的密度曲线展现出来。这里假定 $f(x)$ 作为随机变量 X 的密度函数，并通过式（3-9）估测在点 x 处的概率密度。在式（3-9）中，N 是观测值数量，$K(x)$ 代表核函数，X_i 是服从独立同分布（iid）的观测值，x 是均值；h 是宽带。这里采用高斯核估计城市舒适物水平的分布动态，见式（3-10），并可以使用核密度曲线图，来识别随机变量的分布位置、延展性等方面的特征。

$$f(x) = \frac{1}{Nh} \sum_{i=1}^{N} K\left(\frac{X_i - x}{h}\right) \qquad (3-9)$$

$$K(x) = \frac{1}{\sqrt{2\pi}} e^{-x^2/2} \qquad (3-10)$$

第三，空间自相关分析。全局空间自相关被用来描述空间单元上属性值之间的整体分布情况，一定程度上可以表明全局范围内是否具有空间集聚特征（陈强，2014）。全局空间自相关的统计量可通过全局莫兰指数（Moran's I）估计，具体见式（3-11）。

$$I = \frac{\sum_{i=1}^{n}\sum_{j=1}^{n} w_{ij}(x_i - \bar{x})(x_j - \bar{x})}{S^2 \sum_{i=1}^{n}\sum_{j=1}^{n} w_{ij}} \qquad (3-11)$$

局域空间自相关能够测度空间单元属性的局部空间变化，一定程度上可以从局部识别高值、低值分别在哪里集聚。局域空间自相关的统计量可以通过局域莫兰指数（Local Moran's I）计算，具体见式（3-12）。

$$I_i = \frac{w_{ij}(x_i - \bar{x})}{S^2} \sum_{j} w_{ij}(x_j - \bar{x}) \qquad (3-12)$$

其中，S^2 为样本方差，w_{ij} 为空间权重矩阵 W 中的元素。全局莫兰指数统计量取值范围为 $-1 \sim +1$，取值接近 $+1$，表明地区间空间正相关，取值接近 -1，表明地区间空间负相关，取值为 0，表明不存在空间相关性。局域莫兰指数的值大于 0，并通过检验时，表明该空间单元与邻域单元的属性值相似，分为 HH（高值集聚区）、LL（低值集聚区）两种情况。局域莫兰指数的值小于 0，表明该空间单元与邻域单元的属性值相异，分为 HL（高低孤立区）、LH（低高空心区）两种情况。

第四，Markov 链分析。Markov 链，也称马尔可夫链（Markov chain），作为时间与状态都是离散化的随机过程，并将数据离散成 k 类，计算出相应类型的概率分布及其时间动态来近似事物演化的过程（盛骤等，2008；陈明华等，2019）。一般情况下，属性类型在 t 时刻的概率分布用 $1 \times k$ 的状态概率向量 P_t 表示，标记为 $P_t = [P_{1,t}, P_{2,t}, \cdots, P_{k,t}]$，而为了更形象地展示不同时刻属性类型之间的转移情况，这里使用 $k \times k$ 阶的 Markov 转移概率矩阵 M 来分析与说明（见表 3 – 3）。

表 3 – 3　　　　　　　　　马尔可夫转移概率矩阵

$t_i/(t_i+1)$	1	2	3	$\cdots$	k
1	m_{11}	m_{12}	m_{13}	$\cdots$	m_{1k}
2	m_{21}	m_{22}	m_{23}	$\cdots$	m_{2k}
3	m_{31}	m_{32}	m_{33}	$\cdots$	m_{3k}
$\vdots$	$\vdots$	$\vdots$	$\vdots$	$\vdots$	$\vdots$
k	m_{k1}	m_{k2}	m_{k3}	$\cdots$	m_{kk}

资料来源：笔者计算而得。

表 3 – 3 中，矩阵元素 m_{ij} 为一个地方由 i 类型转移到 j 类型的概率，其大小可用极大似然估计法求得 $m_{ij} = n_{ij}/n_i$，n_{ij} 表示整个研究期间，上一时刻（t 时刻）类型属于 i 的地方，在下一时刻（$t+1$ 时刻）转换成类型属于 j 的地方数量的总和，而 n_i 是所有时刻上类型属于 i 的地方数量的总和。初始时刻类型为 i，在下一时刻保持不变，则类型转移为平稳。

空间马尔可夫链方法是传统的马尔科夫方法与空间自相关这一概念相结合的产物（Rey，2001），也即在传统马尔可夫链中，引入了"空间滞后"的概念来研究空间邻域状态对地方类型转移概率的作用。这里对传统 $k \times k$ 的 Markov 矩阵进行改动，使之拓展成 k 个 $k \times k$ 的条件转移概率矩阵，见表 3 – 4。其中，元素 $m_{ij}(k)$ 是以空间滞后类型 k 为条件，由 t 时刻为类型 i 在下一时刻转换成类型 j 的一步空间转移概率（何一鸣等，2011）。

表 3 – 4 空间马尔可夫转移概率矩阵

空间滞后	$t_i/(t_i+1)$	1	2	3	...	k
1	1	$m_{11}(1)$	$m_{12}(1)$	$m_{13}(1)$	...	$m_{1k}(1)$
	2	$m_{21}(1)$	$m_{22}(1)$	$m_{23}(1)$	...	$m_{2k}(1)$
	3	$m_{31}(1)$	$m_{32}(1)$	$m_{33}(1)$	...	$m_{3k}(1)$
	⋮	⋮	⋮	⋮	⋮	⋮
	k	$m_{k1}(1)$	$m_{k2}(1)$	$m_{k3}(1)$	...	$m_{kk}(1)$
2	1	$m_{11}(2)$	$m_{12}(2)$	$m_{13}(2)$	...	$m_{1k}(2)$
	2	$m_{21}(2)$	$m_{22}(2)$	$m_{23}(2)$	...	$m_{2k}(2)$
	3	$m_{31}(2)$	$m_{32}(2)$	$m_{33}(2)$	...	$m_{3k}(2)$
	⋮	⋮	⋮	⋮	⋮	⋮
	k	$m_{k1}(2)$	$m_{k2}(2)$	$m_{k3}(2)$	...	$m_{kk}(2)$
3	1	$m_{11}(3)$	$m_{12}(3)$	$m_{13}(3)$	...	$m_{1k}(3)$
	2	$m_{21}(3)$	$m_{22}(3)$	$m_{23}(3)$	...	$m_{2k}(3)$
	3	$m_{31}(3)$	$m_{32}(3)$	$m_{33}(3)$	...	$m_{3k}(3)$
	⋮	⋮	⋮	⋮	⋮	⋮
	k	$m_{k1}(3)$	$m_{k2}(3)$	$m_{k3}(3)$	...	$m_{kk}(3)$
k	1	$m_{11}(k)$	$m_{12}(k)$	$m_{13}(k)$	...	$m_{1k}(k)$
	2	$m_{21}(k)$	$m_{22}(k)$	$m_{23}(k)$	...	$m_{2k}(k)$
	3	$m_{31}(k)$	$m_{32}(k)$	$m_{33}(k)$	...	$m_{3k}(k)$
	⋮	⋮	⋮	⋮	⋮	⋮
	k	$m_{k1}(k)$	$m_{k2}(k)$	$m_{k3}(k)$	...	$m_{kk}(k)$

资料来源：笔者计算而得。

此外，比较传统 Markov 和空间 Markov 矩阵中的对应元素，能够观测到地方转移的概率大小和邻近地区之间的关联，进一步可以发现区域背景对地方属性状态转移概率的总体影响。

（2）研究区域

通过上文测算，已得到 282 个城市的消费舒适物水平评价结果，这些城市已覆盖中国绝大部分区域，且能够反映中国城市整体特征，因而这里将以这 282 个城市为代表研究我国消费舒适水平空间格局。为科学反映我国不同区域的城市消费舒适物水平状况，依据国家统计局通常的划分标准，分成四个区域进行研究，具体见表 3 – 5。

表 3 – 5　　　　　　　　　　　我国城市及区域划分

区域	区域规划范围
东部地区	北京（1）、天津（1）、河北（11）、上海（1）、江苏（13）、浙江（11）、福建（9）、山东（17）、广东（21）、海南（2）
中部地区	山西（11）、安徽（16）、江西（11）、河南（17）、湖北（12）、湖南（13）
西部地区	内蒙古（9）、广西（14）、重庆（1）、四川（18）、贵州（4）、云南（8）、西藏（0）、陕西（10）、甘肃（11）、青海（1）、宁夏（4）、新疆（2）
东北地区	辽宁（13）、吉林（8）、黑龙江（12）

注：区域划分标准来自国家统计局。括号内为研究的城市数。

资料来源：笔者自行绘制。

3.2.2　城市消费舒适物水平区域特征及动态分布

（1）城市消费舒适物水平区域特征

表 3 – 6 报告了我国城市消费舒适物水平的描述性统计分析结果。全国 2003 ~ 2016 年城市消费舒适物水平均值为 0.1646，标准差为 0.1087。得益于改革开放政策，外商投资与国际贸易兴起，陆权时代让位于海权时代，东部地区经济率先发展，在样本考察期，其城市消费舒适物水平均值最高。由表 3 – 6 可知，全国消费舒适物水平排名前十的城市有 8 个位于东部，且教育、医疗等资源高度集中的北京市位列第一。而随着市场经济发展，国有经济比重下降，民营企业崛起，曾经的经济高地东北进入困难时期，全国消费舒适物水平排名前十的城市无一个在东北地区。我国城市消费舒适物水平存在较大差异，样本考察期内，全国城市消费舒适物水平变异系数[①]为 0.66，大于 0.4（陈明华等，2019），可以认为消费舒适物水平在空间上具有显著差异。进一步来看，各区域内城市消费舒适物水平的最大值和最小值之间差异都比较大，东部、西部地区城市消费舒适物水平的变异系数分别超过 0.65、0.64，中部、东北地区城市消费舒适物水平的变异系数分别超过 0.54、0.49，说明各区域城市消费舒适物建设过程中存在明显的内部非均衡性。具体来看，东部地区最大值为北京市的 0.7471，最小值为揭阳市的 0.0444；中部地区最大值为武汉市的 0.6188，最小值为亳

①　将变异系数定义为标准差与平均数的比值。

州市的 0.0255；西部地区最大值为成都市的 0.5687，最小值为来宾市的 0.0274；东北地区最大值为沈阳市的 0.4752，最小值为绥化市的 0.0579。

表 3 - 6 我国城市消费舒适物水平区域特征

区域	均值 （标准差）	最小值 （地区/年）	最大值 （地区/年）	2016 年地区 Top3	2016 年总体 Top10
东部 地区	0.2138 （0.1403）	0.0444 （揭阳/2005）	0.7471 （北京/2015）	北京、广州、上海	8 个 （北京、广州、上海、 深圳、杭州、天津、 南京、苏州）
中部 地区	0.1426 （0.0774）	0.0255 （亳州/2005）	0.6188 （武汉/2016）	武汉、长沙、郑州	1 个 （武汉）
西部 地区	0.1329 （0.0849）	0.0274 （来宾/2006）	0.5687 （成都/2015）	成都、重庆、西安	1 个 （成都）
东北 地区	0.1674 （0.0818）	0.0579 （绥化/2006）	0.4752 （沈阳/2013）	沈阳、大连、哈尔滨	0 个
全国	0.1646 （0.1087）	0.0255 （亳州/2005）	0.7471 （北京/2015）	北京、广州、上海	10 个

资料来源：笔者计算而得。

图 3 - 1 报告了 2003~2016 年我国四大区域城市消费舒适物水平均值演变趋势。由图 3 - 1 可见，各区域城市消费舒适物水平均呈明显的上升趋势。

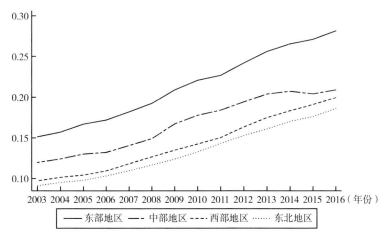

图 3 - 1 四大区域城市消费舒适物水平均值趋势

资料来源：笔者自行绘制。

（2）城市消费舒适物水平的动态分布

基尼系数法可以得到区域城市消费舒适物水平之间的差异及其渠道，却难以刻画其动态分布规律，而核密度法可以从动态演进视角较好地描述和分析城市消费舒适物水平的分布规律。进而，本书利用核密度法从趋势性、延展性、极化性等方面对城市消费舒适物水平的分布规律进行解读，具体见图3-2。

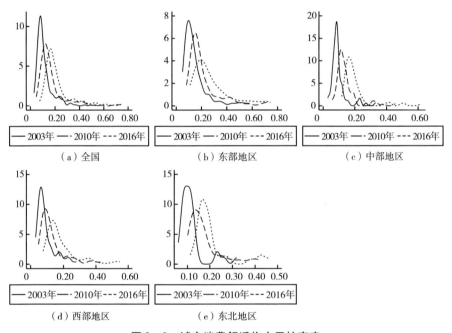

图3-2 城市消费舒适物水平核密度

资料来源：笔者自行绘制。

第一，全国及各区域城市消费舒适物水平总体上呈上升趋势，这一特征与前文客观事实相符。全国、东部、中部、西部、东北等地区城市消费舒适物水平均呈现明显的右移趋势，表明在考察期中国经济发展水平显著提升，人民生活质量显著改善。

第二，总体来看，城市消费舒适物水平绝对差异先扩大后趋于稳定。样本考察期内，全国、中部地区城市消费舒适物水平分布曲线的主峰峰值呈下降—平稳趋势，主峰宽度呈增大—平稳趋势，表明其消费舒适物水平的绝对差异呈扩大—平稳趋势。东部、西部地区城市消费舒适物水平分布曲线主峰的峰值持续回落，主峰的宽度趋于扩大，说明区域城市消费舒适物水平的绝对差异有增大的态势。此外，东北地区城市消费舒适物水平分布曲线的主峰峰值呈下降—上升趋势，主峰宽度呈增大—减小趋势，表明其消费舒适物水平的绝对差异呈扩大—减小趋势。

第三，全国及东部、东北地区城市消费舒适物水平分布曲线均向右拖尾，且总体分布的延展性均呈收敛趋势，说明城市消费舒适物水平较高的城市与区域平均消费舒适物水平的绝对差距有缩小趋势。中部、西部地区城市消费舒适物水平分布曲线均向右拖尾，且总体分布的延展性均呈拓展趋势，说明存在强者更强现象，消费舒适物水平较高的城市，与区域平均消费舒适物水平的绝对差距有扩大趋势。

第四，全国及各区域城市消费舒适物水平表现出极化分布态势，而其峰值大致呈阶梯式回落，说明极化态势随时间推移逐步得到控制。具体来看，全国、东部、中部、西部的城市消费舒适物水平右拖尾较长，未出现明显的侧峰，说明其消费舒适物水平主要是单极化分布状态。此外，东北地区城市消费舒适物水平右拖尾较短，并在右侧有较明显的凸起，说明东北地区城市消费舒适物水平差异相对较小，而且存在多极化现象。

3.2.3 城市消费舒适物水平空间差异及来源

根据上面的分析，认为城市消费舒适物水平在全国及区域之间有一定差异，为进一步探索其差异程度及来源，这里使用基尼系数及其分解方法做深入研究分析。

（1）城市消费舒适物水平的总体差异

利用基尼分解方法，计算 2003 ~ 2016 年中国城市消费舒适物水平的基尼系数以及地区间、地区内和超覆基尼系数，以及相应对总体差异的贡献率。表 3 - 7 和表 3 - 8 分别是我国城市消费舒适物水平基尼系数的变化趋势以及基尼系数分解贡献率。由表 3 - 7 可以看出，在样本考察期间，全国城市消费舒适物水平总体差异大致呈先上升后下降，2006年之后基尼系数处于下降趋势，在 2016 年下降到了 0.261，相对于 2003 年的 0.303，下降幅度为 13.86%，一定程度上说明区域协调发展政策取得成效。

表 3 - 7 我国城市消费舒适物水平基尼系数

年份	全国	东部	中部	西部	东北
2003	0.303	0.311	0.238	0.296	0.221
2004	0.309	0.318	0.241	0.306	0.218
2005	0.315	0.320	0.238	0.312	0.222
2006	0.317	0.331	0.240	0.317	0.220
2007	0.303	0.314	0.237	0.298	0.207
2008	0.298	0.309	0.230	0.296	0.203
2009	0.299	0.304	0.225	0.297	0.215
2010	0.293	0.296	0.218	0.295	0.212
2011	0.287	0.297	0.211	0.287	0.218
2012	0.279	0.291	0.200	0.281	0.211
2013	0.276	0.290	0.196	0.273	0.205
2014	0.267	0.285	0.192	0.265	0.197
2015	0.266	0.283	0.187	0.265	0.201
2016	0.261	0.276	0.183	0.262	0.194
均值	0.291	0.302	0.217	0.289	0.210

资料来源：笔者计算而得。

（2）区域内城市消费舒适物水平差异

四大区域城市消费舒适物建设发展情况有所差异，相对于 2003 年，2016 年东部、中部、西部、东北地区分别下降 11.25%、23.11%、11.49%、12.22%。从整体情况来看，东部地区的城市消费舒适物水平不均等程度较为突出，该地区的平均基尼系数为 0.302。其中，西部地区城市消费舒适物水平差异也较大，其均值为 0.289。中部和东北地区城市消费舒适物水平差异较小，对应均值分别为 0.217 和 0.210。此外，区域内城市消费舒适物水平差异来源的平均值是 0.075，对总体差异的平均贡献率为 25.83%，在研究期间其贡献率大致稳定在 25.00% 的水平上，表明区域内差距被控制在一定范围内，不是总体差异的主要来源。

从演变趋势来看，东部、中部、西部地区城市消费舒适物水平差异呈倒 U 型演化趋势，拐点位于 2006 年。而东北地区城市消费舒适物水平差异基本保持震荡递减状态。

（3）区域间城市消费舒适物水平差异

由表3-8可知，我国城市消费舒适物水平差异的主要来源于地区间差异，考察期内区域间差异来源均值为0.111，其平均贡献率高达38.105%。从演变趋势来看，考察期内区域间差异贡献率先震荡上升，之后逐步震荡下滑，在2016年仍保持在35.00%以上。超覆基尼系数反映不同组别城市消费舒适物水平分布出现重叠，即发展程度较高的地区最低城市消费舒适物水平小于发展程度较低的地区最高城市消费舒适物水平所导致的差异。考察期内区域间超覆对总体差异的贡献率均值为36.067%，一定程度上说明，四大地区间城市消费舒适物水平没有明显的分界线。

表3-8　　　　　　　　我国城市消费舒适物水平基尼系数分解

年份	地区间		超覆		地区内	
	来源	贡献率（%）	来源	贡献率（%）	来源	贡献率（%）
2003	0.117	38.700	0.108	35.498	0.078	25.802
2004	0.116	37.542	0.113	36.543	0.080	25.915
2005	0.124	39.444	0.110	34.933	0.081	25.623
2006	0.118	37.332	0.116	36.627	0.083	26.041
2007	0.116	38.407	0.108	35.601	0.079	25.993
2008	0.114	38.269	0.106	35.734	0.077	25.997
2009	0.120	40.211	0.102	34.222	0.076	25.567
2010	0.118	40.206	0.101	34.310	0.075	25.484
2011	0.107	37.326	0.106	36.910	0.074	25.764
2012	0.106	37.853	0.102	36.422	0.072	25.725
2013	0.106	38.309	0.100	36.036	0.071	25.654
2014	0.101	37.719	0.097	36.348	0.069	25.933
2015	0.096	36.296	0.100	37.731	0.069	25.973
2016	0.093	35.532	0.100	38.485	0.068	25.983
均值	0.111	38.105	0.105	36.067	0.075	25.828

资料来源：笔者计算而得。

总之，样本考察期间，我国城市消费舒适物水平差异呈现出明显的倒U型趋势，东部、中部、西部等地区也大致符合这种趋势，而东北地区差异水平始终在相对较低的水平区间，并呈波动式缓慢下降趋势。此外，四大地区组间差距是其差距的主要来源，进一步缩小区域之间的差距是未来区域平衡战略的重要方向。

3.2.4　城市消费舒适物水平的空间关联

分别构建临近矩阵、地理距离矩阵、经济距离矩阵，进一步考察城市消费舒适物水平的空间分布格局。首先考察，城市消费舒适物水平的全局莫兰指数，由表 3 - 9 可以看出，我国历年城市消费舒适物水平莫兰指数均大于 0，且在 P 值为 0.01 水平上显著，这表明城市消费舒适物水平在空间上具有正向关联，也即城市消费舒适物水平高的城市往往周边城市的舒适物水平也很高。从时间演变来看，城市消费舒适物水平空间关联程度逐渐增强，具体来看，2003 ~ 2016 年临近矩阵得到的莫兰值由 0.249 增长到 0.275，地理距离矩阵得到的莫兰值由 0.038 增长到 0.046，经济距离矩阵得到的莫兰值由 0.280 增长到 0.323。此外，本书从局部研究城市消费舒适物水平空间分布情况，根据 Getis-Ord G_i^* 指数公式，分别使用地理距离和经济距离进行测算，并得到 LISA 聚类结果，具体见图 3 - 3 和图 3 - 4。可以发现，图 3 - 3 的第一象限中有上海、苏州、无锡、杭州、宁波、嘉兴、绍兴等长三角区域城市比较集中，说明长三角地区城市消费舒适物水平具有正的溢出效应。图 3 - 3 的第四象限中有成都、重庆、西安等城市，说明该区域仍处于城市消费舒适物水平的极化发展状态，表现为一定的虹吸效应。此外，图 3 - 4 与图 3 - 3 结果基本一致，均可以说明我国城市舒适物水平区域上存在明显的高—高集聚和低—低集聚特征，其中长三角区域表现出高—高集聚。

表 3 - 9　　　　　　城市消费舒适物水平全局莫兰指数

年份	临近矩阵		地理距离矩阵		经济距离矩阵	
	莫兰值	p 值	莫兰值	p 值	莫兰值	p 值
2003	0.249	0.000	0.038	0.000	0.280	0.000
2004	0.253	0.000	0.039	0.000	0.286	0.000
2005	0.262	0.000	0.039	0.000	0.285	0.000
2006	0.270	0.000	0.039	0.000	0.285	0.000
2007	0.278	0.000	0.042	0.000	0.287	0.000

续表

年份	临近矩阵		地理距离矩阵		经济距离矩阵	
	莫兰值	p 值	莫兰值	p 值	莫兰值	p 值
2008	0.271	0.000	0.042	0.000	0.294	0.000
2009	0.289	0.000	0.047	0.000	0.294	0.000
2010	0.288	0.000	0.047	0.000	0.304	0.000
2011	0.261	0.000	0.042	0.000	0.307	0.000
2012	0.267	0.000	0.043	0.000	0.310	0.000
2013	0.274	0.000	0.046	0.000	0.318	0.000
2014	0.268	0.000	0.044	0.000	0.313	0.000
2015	0.262	0.000	0.043	0.000	0.314	0.000
2016	0.275	0.000	0.046	0.000	0.323	0.000

注：临近矩阵以两个城市距离 160 千米为界限，识别是否是临近；地理距离矩阵以城市之间距离的倒数构建；经济距离矩阵以两个城市历年人均 GDP（历年均值）差值的倒数构建。其中，地理距离是依据城市经纬度（使用 Google 地图获取）测算的欧式距离。

资料来源：笔者计算整理。

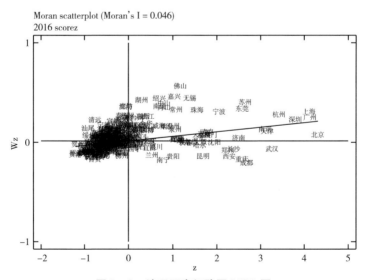

图 3-3　地理距离矩阵图 LISA 图

资料来源：笔者自行绘制。

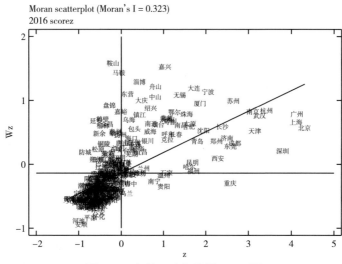

图 3 - 4　经济距离矩阵图 LISA 图

资料来源：笔者自行绘制。

3.2.5　城市消费舒适物水平转移的时空规律

核密度估计方法以连续的密度曲线刻画了城市消费舒适物水平的分布动态，展现了城市消费舒适物水平的非均衡特征及演进趋势，但未能揭示其具体转移规律，无法解释城市之间的差异情况，接下来运用 Markov 链分析方法就这一问题展开分析。

（1）城市消费舒适物水平变动的时间特征

首先不考虑空间因素，通过传统 Markov 链测算整个样本和两个阶段研究时间内，全国和各区域内部城市消费舒适物水平的状态转换概率，具体见表 3 - 10、表 3 - 11，状态转换特点主要体现在以下几个方面。

第一，样本考察期内，城市消费舒适物水平存在明显的"俱乐部趋同"现象，并有进一步强化趋势。全国整体的转移概率矩阵中，非对角线概率小于对角线所对应概率，对角线概率为 0.8851，一定程度上说明城市消费舒适物水平总体上更有可能保持相对稳定。从各区域内部来看，所有区域城市消费舒适物水平转移概率矩阵中非对角线概率都小于对角线概率，表明相应城市消费舒适物水平倾向于自我固化，水平状态的转移需要具备一定条件，突出表现为俱乐部趋同现象。

表 3 – 10　　　　我国城市消费舒适物水平的传统 Markov 转移矩阵

区域	t/t + 1	2003 ~ 2016 年			
		I	II	III	IV
全国	I	0.8229	0.1771	0.0000	0.0000
	II	0.0222	0.9400	0.0378	0.0000
	III	0.0000	0.1424	0.8220	0.0356
	IV	0.0000	0.0000	0.0447	0.9553
东部地区	I	0.7615	0.2385	0.0000	0.0000
	II	0.0398	0.9312	0.0291	0.0000
	III	0.0000	0.0983	0.8324	0.0694
	IV	0.0000	0.0000	0.0575	0.9425
中部地区	I	0.7941	0.2059	0.0000	0.0000
	II	0.0029	0.9471	0.0500	0.0000
	III	0.0000	0.1441	0.8514	0.0045
	IV	0.0000	0.0000	0.0357	0.9643
西部地区	I	0.7879	0.2121	0.0000	0.0000
	II	0.0260	0.9269	0.0455	0.0016
	III	0.0000	0.1525	0.7966	0.0508
	IV	0.0000	0.0057	0.0575	0.9368
东北地区	I	0.7500	0.2500	0.0000	0.0000
	II	0.0000	0.9441	0.0559	0.0000
	III	0.0000	0.2754	0.7246	0.0000
	IV	0.0000	0.0000	0.0000	1.0000

资料来源：笔者自行绘制。

表 3 – 11　　　　四大区域城市消费舒适物水平的传统 Markov 转移矩阵

区域	t/t + 1	2003 ~ 2010 年				2010 ~ 2016 年			
		I	II	III	IV	I	II	III	IV
全国	I	0.8512	0.1488	0.0000	0.0000	0.7680	0.2320	0.0000	0.0000
	II	0.0316	0.9260	0.0424	0.0000	0.0123	0.9547	0.0331	0.0000
	III	0.0000	0.1449	0.8261	0.0290	0.0000	0.1392	0.8168	0.0440
	IV	0.0000	0.0000	0.0502	0.9498	0.0000	0.0000	0.0383	0.9617

续表

区域	t/t+1	2003~2010 年				2010~2016 年			
		I	II	III	IV	I	II	III	IV
东部地区	I	0.7765	0.2235	0.0000	0.0000	0.7333	0.2667	0.0000	0.0000
	II	0.0379	0.9271	0.0350	0.0000	0.0418	0.9357	0.0225	0.0000
	III	0.0000	0.1333	0.8000	0.0667	0.0000	0.0602	0.8675	0.0723
	IV	0.0000	0.0000	0.0549	0.9451	0.0000	0.0000	0.0602	0.9398
中部地区	I	0.8621	0.1379	0.0000	0.0000	0.4000	0.6000	0.0000	0.0000
	II	0.0053	0.9521	0.0426	0.0000	0.0000	0.9414	0.0586	0.0000
	III	0.0000	0.1308	0.8598	0.0093	0.0000	0.1565	0.8435	0.0000
	IV	0.0000	0.0000	0.0625	0.9375	0.0000	0.0000	0.0000	1.0000
西部地区	I	0.8133	0.1867	0.0000	0.0000	0.7083	0.2917	0.0000	0.0000
	II	0.0392	0.9118	0.0458	0.0033	0.0129	0.9419	0.0452	0.0000
	III	0.0000	0.1596	0.7766	0.0638	0.0000	0.1446	0.8193	0.0361
	IV	0.0000	0.0101	0.0505	0.9394	0.0000	0.0000	0.0667	0.9333
东北地区	I	0.7500	0.2500	0.0000	0.0000				
	II	0.0000	0.9313	0.0688	0.0000	0.0000	0.9583	0.0417	0.0000
	III	0.0000	0.2821	0.7179	0.0000	0.0000	0.2667	0.7333	0.0000
	IV	0.0000	0.0000	0.0000	1.0000	0.0000	0.0000	0.0000	1.0000

注：表中部分数据空缺，是由于细分样本数据不足造成的。
资料来源：笔者自行绘制。

第二，样本考察期内，城市消费舒适物水平存在明显的马太效应。在高消费舒适物水平、低消费舒适物水平城市实现状态转移的概率很小，相应水平状态保持稳定的概率分别为 0.9553 和 0.8229，相应向下转移、向上转移的概率分别为 0.1771 和 0.0447，表明高消费舒适物水平的城市呈现显著的趋同趋势，低消费舒适物水平的城市易陷入低水平困境。由于城市消费舒适物水平存在明显的马太效应，致使其区域上差距较为显著。相比 2003~2010 年，2010~2016 年消费舒适物水平分布更均匀，说明随着时间推移，全国城市消费舒适物水平分布趋于均衡，区域间差距呈缩小趋势。

第三，样本考察期内，矩阵非对角线的转移概率不全为 0，且基本分布于对角线的两侧，说明城市消费舒适物水平在一年内发生向上或向下转移的情况较多，而出现跳跃转移的概率很小。特殊的是，2003~2016 年西部地区，初始状态为中低水平向高水平跳跃转移概率为 0.0016，初始状态为高水平向中低水平跳跃转移的概率为 0.0057。具体两个时期来看，2003～2010 年西部地区，初始状态为中低水平向高水平转移概率为 0.0033，初始状态为高水平向中低水平转移的概率为 0.0101。而 2010～2016 年西部地区不再有这种跳跃式转移，这可能是西部大开发战略实施初期部分城市脉冲式发展附带的影响。

第四，通过两期对比，城市消费舒适物水平的转移特征存在差异。2003～2010 年初始状态为低水平的城市保持稳定的概率为 0.8512，高于 2010～2016 年的 0.7680。2003～2010 年初始状态为高水平的城市保持稳定的概率为 0.9498，低于 2010～2016 年的 0.9617。相对 2003～2010 年，2010～2016 年由低消费舒适物水平向中低消费舒适物水平，以及由中高消费舒适物水平向高消费舒适物水平状态转移的概率相对比较高，同时由中低消费舒适物水平向低消费舒适物水平，以及由高消费舒适物水平向中高消费舒适物水平转移的概率相对比较小，这说明近年来我国城市消费舒适物水平得到较快提升，人民生活质量有很大改善。

（2）城市消费舒适物水平变动的空间特征

传统 Markov 链能够展现城市消费舒适物水平随时间推移而变化的状态转移特征（陈明华等，2019），但随着交通技术进步以及区域间经济联系增强，各地区城市消费舒适物水平存在一定空间关联和交互影响。接下来，运用空间 Markov 链进一步研究消费舒适物水平的空间转移规律，整个样本和两个阶段研究时间内，全国和各区域内部城市消费舒适物水平的状态转换概率，具体见表 3－12、表 3－13。

表 3－12　四大区域城市消费舒适物水平的空间 Markov 转移矩阵

区域	空间滞后	$t/t+1$	2003～2016 年			
			I	II	III	IV
全国	I	I	0.8451	0.1549	0.0000	0.0000
		II	0.2115	0.7885	0.0000	0.0000
		III	0.0000	0.0000	0.8333	0.1667
		IV	0.0000	0.0000	0.1364	0.8636
	II	I	0.8190	0.1810	0.0000	0.0000
		II	0.0223	0.9490	0.0287	0.0000

区域	空间滞后	t/t+1	2003～2016 年			
			Ⅰ	Ⅱ	Ⅲ	Ⅳ
		Ⅲ	0.0000	0.1963	0.7850	0.0187
		Ⅳ	0.0000	0.0000	0.0172	0.9828
	Ⅲ	Ⅰ	0.8194	0.1806	0.0000	0.0000
		Ⅱ	0.0118	0.9424	0.0458	0.0000
		Ⅲ	0.0000	0.1336	0.8060	0.0603
		Ⅳ	0.0000	0.0000	0.0730	0.9270
	Ⅳ	Ⅰ	0.6667	0.3333	0.0000	0.0000
		Ⅱ	0.0054	0.9130	0.0815	0.0000
		Ⅲ	0.0000	0.0904	0.8916	0.0181
		Ⅳ	0.0000	0.0000	0.0492	0.9508
东部地区	Ⅰ	Ⅰ	0.8529	0.1471	0.0000	0.0000
		Ⅱ	0.2143	0.7857	0.0000	0.0000
		Ⅲ				
		Ⅳ	0.0000	0.0000	0.3333	0.6667
	Ⅱ	Ⅰ	0.7595	0.2405	0.0000	0.0000
		Ⅱ	0.0557	0.9148	0.0295	0.0000
		Ⅲ	0.0000	0.1296	0.7593	0.1111
		Ⅳ	0.0000	0.0000	0.0580	0.9420
	Ⅲ	Ⅰ	0.5833	0.4167	0.0000	0.0000
		Ⅱ	0.0120	0.9640	0.0240	0.0000
		Ⅲ	0.0000	0.0964	0.8675	0.0361
		Ⅳ	0.0000	0.0000	0.0244	0.9756
	Ⅳ	Ⅰ	0.6000	0.4000	0.0000	0.0000
		Ⅱ	0.0353	0.9176	0.0471	0.0000
		Ⅲ	0.0000	0.0556	0.8611	0.0833
		Ⅳ	0.0000	0.0000	0.1500	0.8500
中部地区	Ⅰ	Ⅰ				
		Ⅱ	0.0000	1.0000	0.0000	0.0000
		Ⅲ				

续表

区域	空间滞后	t/t+1	2003~2016年			
			I	II	III	IV
		IV				
	II	I	0.8276	0.1724	0.0000	0.0000
		II	0.0025	0.9444	0.0530	0.0000
		III	0.0000	0.1597	0.8403	0.0000
		IV	0.0000	0.0000	0.0000	1.0000
	III	I	0.7500	0.2500	0.0000	0.0000
		II	0.0000	0.9561	0.0439	0.0000
		III	0.0000	0.1594	0.8261	0.0145
		IV	0.0000	0.0000	0.0870	0.9130
	IV	I	0.0000	1.0000	0.0000	0.0000
		II	0.0111	0.9333	0.0556	0.0000
		III	0.0000	0.0588	0.9412	0.0000
		IV	0.0000	0.0000	1.0000	0.0000
	I	I	0.5000	0.5000	0.0000	0.0000
		II	0.0526	0.9474	0.0000	0.0000
		III				
		IV	0.0000	0.0000	0.0000	1.0000
	II	I	0.8200	0.1800	0.0000	0.0000
		II	0.0305	0.9322	0.0373	0.0000
		III	0.0000	0.1818	0.8030	0.0152
		IV	0.0000	0.0000	0.0118	0.9882
西部地区	III	I	0.7778	0.2222	0.0000	0.0000
		II	0.0258	0.9313	0.0429	0.0000
		III	0.0000	0.1279	0.8140	0.0581
		IV	0.0000	0.0000	0.1186	0.8814
	IV	I				
		II	0.0000	0.8841	0.1014	0.0145
		III	0.0000	0.1600	0.7200	0.1200
		IV	0.0000	0.0345	0.0690	0.8966

续表

区域	空间滞后	t/t+1	2003~2016 年			
			I	II	III	IV
东北地区	I	I				
		II				
		III				
		IV				
	II	I				
		II	0.0000	0.9698	0.0302	0.0000
		III	0.0000	0.5000	0.5000	0.0000
		IV	0.0000	0.0000	0.0000	1.0000
	III	I	0.7500	0.2500	0.0000	0.0000
		II	0.0000	0.8721	0.1279	0.0000
		III	0.0000	0.1628	0.8372	0.0000
		IV	0.0000	0.0000	0.0000	1.0000
	IV	I				
		II	0.0000	1.0000	0.0000	0.0000
		III	0.0000	0.3333	0.6667	0.0000
		IV				

注：表中部分数据空缺，是由于细分样本数据不足造成的。
资料来源：笔者自行绘制。

表 3－13　　四大区域城市消费舒适物水平的空间 Markov 转移矩阵

区域	空间滞后	t/t+1	2003~2010 年				2010~2016 年			
			I	II	III	IV	I	II	III	IV
全国	I	I	0.9057	0.0943	0.0000	0.0000	0.6667	0.3333	0.0000	0.0000
		II	0.2564	0.7436	0.0000	0.0000	0.0769	0.9231	0.0000	0.0000
		III	0.0000	0.0000	0.6667	0.3333	0.0000	0.0000	1.0000	0.0000
		IV	0.0000	0.0000	0.1176	0.8824	0.0000	0.0000	0.2000	0.8000
	II	I	0.8529	0.1471	0.0000	0.0000	0.7647	0.2353	0.0000	0.0000
		II	0.0284	0.9401	0.0315	0.0000	0.0161	0.9581	0.0258	0.0000
		III	0.0000	0.2288	0.7542	0.0169	0.0000	0.1563	0.8229	0.0208

区域	空间滞后	t/t+1	2003~2010年				2010~2016年			
			I	II	III	IV	I	II	III	IV
		IV	0.0000	0.0000	0.0240	0.9760	0.0000	0.0000	0.0093	0.9907
	III	I	0.8000	0.2000	0.0000	0.0000	0.8636	0.1364	0.0000	0.0000
		II	0.0179	0.9343	0.0478	0.0000	0.0058	0.9503	0.0439	0.0000
		III	0.0000	0.1194	0.8358	0.0448	0.0000	0.1531	0.7653	0.0816
		IV	0.0000	0.0000	0.0704	0.9296	0.0000	0.0000	0.0758	0.9242
	IV	I	0.6667	0.3333	0.0000	0.0000				
		II	0.0100	0.8800	0.1100	0.0000	0.0000	0.9524	0.0476	0.0000
		III	0.0000	0.0778	0.9111	0.0111	0.0000	0.1053	0.8684	0.0263
		IV	0.0000	0.0000	0.0606	0.9394	0.0000	0.0000	0.0357	0.9643
东部地区	I	I	0.8261	0.1739	0.0000	0.0000	0.9091	0.0909	0.0000	0.0000
		II	0.3333	0.6667	0.0000	0.0000	0.0000	1.0000	0.0000	0.0000
		III								
		IV	0.0000	0.0000	0.3333	0.6667				
	III	I	0.8000	0.2000	0.0000	0.0000	0.6897	0.3103	0.0000	0.0000
		II	0.0449	0.9167	0.0385	0.0000	0.0671	0.9128	0.0201	0.0000
		III	0.0000	0.1250	0.7917	0.0833	0.0000	0.1333	0.7333	0.1333
		IV	0.0000	0.0000	0.0526	0.9474	0.0000	0.0000	0.0645	0.9355
	IV	I	0.6364	0.3636	0.0000	0.0000	0.0000	1.0000	0.0000	0.0000
		II	0.0152	0.9470	0.0379	0.0000	0.0085	0.9831	0.0085	0.0000
		III	0.0000	0.1489	0.8085	0.0426	0.0000	0.0278	0.9444	0.0278
		IV	0.0000	0.0000	0.0000	1.0000	0.0000	0.0000	0.0476	0.9524
	IV	I	0.0000	1.0000	0.0000	0.0000	0.7500	0.2500	0.0000	0.0000
		II	0.0217	0.9565	0.0217	0.0000	0.0513	0.8718	0.0769	0.0000
		III	0.0000	0.1053	0.7895	0.1053	0.0000	0.0000	0.9412	0.0588
		IV	0.0000	0.0000	0.2000	0.8000	0.0000	0.0000	0.1000	0.9000
中部地区	I	I								
		II	0.0000	1.0000	0.0000	0.0000	0.0000	1.0000	0.0000	0.0000
		III								
		IV								

续表

区域	空间滞后	t/t+1	2003~2010年				2010~2016年			
			I	II	III	IV	I	II	III	IV
	II	I	0.9167	0.0833	0.0000	0.0000	0.4000	0.6000	0.0000	0.0000
		II	0.0049	0.9415	0.0537	0.0000	0.0000	0.9476	0.0524	0.0000
		III	0.0000	0.1250	0.8750	0.0000	0.0000	0.2000	0.8000	0.0000
		IV	0.0000	0.0000	0.0000	1.0000	0.0000	0.0000	0.0000	1.0000
	III	I	0.7500	0.2500	0.0000	0.0000				
		II	0.0000	0.9905	0.0095	0.0000	0.0000	0.9200	0.0800	0.0000
		III	0.0000	0.2632	0.6842	0.0526	0.0000	0.1200	0.8800	0.0000
		IV	0.0000	0.0000	0.1250	0.8750	0.0000	0.0000	0.0000	1.0000
	IV	I	0.0000	1.0000	0.0000	0.0000				
		II	0.0172	0.9138	0.0690	0.0000	0.0000	0.9688	0.0313	0.0000
		III	0.0000	0.0417	0.9583	0.0000	0.0000	0.1000	0.9000	0.0000
		IV	0.0000	0.0000	1.0000	0.0000				
西部地区	I	I	0.5000	0.5000	0.0000	0.0000				
		II	0.0714	0.9286	0.0000	0.0000	0.0000	1.0000	0.0000	0.0000
		III								
		IV	0.0000	0.0000	0.0000	1.0000				
	II	I	0.8056	0.1944	0.0000	0.0000	0.8571	0.1429	0.0000	0.0000
		II	0.0519	0.9111	0.0370	0.0000	0.0125	0.9500	0.0375	0.0000
		III	0.0000	0.1818	0.8182	0.0000	0.0000	0.1818	0.7879	0.0303
		IV	0.0000	0.0000	0.0000	1.0000	0.0000	0.0000	0.0256	0.9744
	III	I	0.8571	0.1429	0.0000	0.0000	0.5000	0.5000	0.0000	0.0000
		II	0.0310	0.9302	0.0388	0.0000	0.0192	0.9327	0.0481	0.0000
		III	0.0000	0.1458	0.7917	0.0625	0.0000	0.1053	0.8421	0.0526
		IV	0.0000	0.0000	0.1250	0.8750	0.0000	0.0000	0.1111	0.8889
	IV	I								
		II	0.0000	0.8214	0.1429	0.0357	0.0000	0.9268	0.0732	0.0000
		III	0.0000	0.1538	0.6154	0.2308	0.0000	0.1667	0.8333	0.0000
		IV	0.0000	0.0500	0.0500	0.9000	0.0000	0.0000	0.1111	0.8889

区域	空间滞后	t/t+1	2003~2010 年				2010~2016 年			
			I	II	III	IV	I	II	III	IV
东北地区	I	I								
		II								
		III								
		IV								
	II	I								
		II	0.0000	0.9640	0.0360	0.0000	0.0000	0.9773	0.0227	0.0000
		III	0.0000	0.4545	0.5455	0.0000	0.0000	0.5556	0.4444	0.0000
		IV	0.0000	0.0000	0.0000	1.0000	0.0000	0.0000	0.0000	1.0000
	III	I	0.7500	0.2500	0.0000	0.0000				
		II	0.0000	0.8108	0.1892	0.0000	0.0000	0.9184	0.0816	0.0000
		III	0.0000	0.1739	0.8261	0.0000	0.0000	0.1500	0.8500	0.0000
		IV	0.0000	0.0000	0.0000	1.0000				1.0000
	IV	I								
		II	0.0000	1.0000	0.0000	0.0000	0.0000	1.0000	0.0000	0.0000
		III	0.0000	0.4000	0.6000	0.0000	0.0000	1.0000	0.0000	0.0000
		IV								

注：表中部分数据空缺，是由于细分样本数据不足造成的。

资料来源：笔者自行绘制。

第一，城市消费舒适物水平的转移表现出一定的空间依赖性。表 3-12 中四个条件水平状态转移概率矩阵所对应的概率存在较明显差异，说明不同消费舒适物水平邻域环境下，城市消费舒适物水平状态实现转移的概率有很大差异。邻域为高消费舒适物水平的城市，其水平状态向下转移的概率平均为 0.0483，明显小于邻域为低水平的转移概率 0.1160。也即，水平较高的邻域消费舒适物供给环境对本地消费舒适物建设有一定积极作用。

第二，邻域环境对城市消费舒适物水平向上和向下概率的影响不对称。如果邻域是低消费舒适物水平环境，那么此城市的消费舒适物水平向上实现转移概率增大幅度小于向下发生转移概率减小幅度，比如城市消费舒适物水平由低水平向中低水平转移的概率为 0.1549，低于由中低水平向低水平转移的概率0.2115。如果邻域是高消费舒适物水平环境，那么此城市的消费舒适物水平向上实现转移的概率增大幅度大于向下发生转移的概率减小幅度，比如城市从低消费舒适物水平向中低消费舒适物水平实现转移的概率为0.3333，高于从中低消费舒适物水平向低消费舒适物水平发生转移的概率为0.0054。

第三，不同发展水平状态下，邻域环境对城市消费舒适物水平转移具有差异化的作用。比如，当邻域为低消费舒适物水平时，低消费舒适物水平的城市于2003～2010年继续保持稳定的概率为0.905，大于相应期间不考虑邻域消费舒适物供给环境时的概率，为0.8512。而初始状态处于低水平的城市在2010～2016年仍保持平稳的概率为0.6667，小于相应期间不考虑邻域消费舒适物供给环境的概率0.7680。这说明，近年来区域协调发展战略的实施以及城市因地制宜式差异化发展，为低水平城市摆脱"贫困圈"的突围提供了可能。

第四，不同区域，邻域环境对城市消费舒适物水平转移产生差异化影响。不同区域发展水平差异较大，城市消费舒适物水平变动的空间特征差异也很明显，这里着重关注于高消费舒适物水平城市的辐射作用差异。分区域来看，东部、中部、西部地区高水平辐射作用总体较大，其中中部地区高水平对中高水平辐射能力较弱，东北地区高水平辐射能力弱，这可能与中部、东北地区缺少能级较高的中心城市有关。具体来看，东部地区，在高消费舒适物水平环境的辐射和带动下，低、中低、中高水平向上转移的概率分别为0.4000、0.0471、0.0833。中部地区，在高消费舒适物水平环境的辐射和带动下，低、中低、中高水平向上转移的概率分别为1.0000、0.0556、0。西部地区，在高消费舒适物水平环境的辐射和带动下，中低、中高水平向上转移的概率分别为0.1014、0.1200。东北地区，在高消费舒适物水平环境的辐射和带动下，中低、中高水平向上转移的概率均为0。此外，不同发展阶段，各区域邻域环境对城市消费舒适物水平转移也存在差异化影响，在此不再展开。

3.3　本章小结

本章在明晰城市消费舒适物内涵的基础上，构建指标体系并实证测度我国282个城市的消费舒适物水平，进一步分析我国城市消费舒适物水平的空间格局。我国城市消费舒适物水平空间格局呈现以下主要特点：第一，从区域特征看，2003 年以来我国城市舒适物水平均呈明显的上升趋势，但在空间上存在明的非均衡性。区域间城市消费舒适物水平差异依然明显，表现为东部地区最高，且保持较快增长态势；中部地区略高于西部地区，且具有相似的较快增长态势；东北地区仅次于东部地区，但发展态势缓慢，近年来甚至出现回落。随着中国经济发展，城市消费舒适物供给能力不断提升，人们生活水平和质量得到很大改善。由于地理区位、资源条件、经济基础、行政级别差异，城市消费舒适物获取以及建设能力有较大差异，一定程度上造成城市消费舒适物水平在空间上的非均衡性。

第二，从分布动态看，全国及各区域城市消费舒适物水平表现出极化分布态势，而其峰值大致呈阶梯式回落，说明极化态势随时间推移逐步得到控制。从空间差异及来源看，我国城市消费舒适物水平差异呈现出明显的倒 U 型趋势，东部、中部、西部等地区也大致符合这种趋势，而东北地区差异水平始终在相对较低的水平区间，并呈波动式缓慢下降趋势，且四大地区组间差距是其差距的主要来源。针对经济发展不平衡，1998 年邓小平提出"两个大局"战略构想，[①] 支持东部地区帮助中西部地区加快发展。在此背景下，"西部大开发""中部崛起""东北振兴"战略相继实施，在民生方面加大对中西部落后地区投入，全国城市消费舒适物水平空间差异扩大趋势逐步得以控制。

第三，受区位以及改革进程影响，东部沿海地区城市得到率先发展，并积累了大量发展资源和消费资源，其城市舒适物水平普遍较高，并共同形成消费舒适物空间集聚圈。此外，以高铁为代表的交通技术进步，增加了城市之间的联系度，逐步形成城市集群化发展。需要强调的是，时空距离压缩并未降低空间距离的重要性，城市消费舒适物水平更容易受到周边城市的影响，这也是城市消费舒适物水平空间关联逐渐增强的重要原因。

第四，从时空转移规律看，城市消费舒适物水平存在明显的"俱乐部趋同"现象，并有进一步强化趋势；城市消费舒适物水平存在明显的"马太效应"，处于高水平、低水平城市发生转移的可能性很小。"俱乐部趋同"现象具有同一类型的区域组内趋同，而不同类型城市组间驱异的特点，也说明只有在一定条件下区域之间消费舒适水平才能相互趋同，而这个条件可能包括经济基础、环境基础等。从城市消费舒适物水平空间正向

---

① 高伯文 . 世纪之交邓小平"两个大局"思想的丰富和发展［J］. 中共党史研究，2000（6）：46～51.

关联可以看出，"俱乐部趋同"现象是存在的。"马太效应"是指"强者愈强，弱者愈弱"，这里主要指的是城市消费舒适水平的相对位置，而非绝对消费舒适物水平，这与前文说的总体差异有收敛趋势并不矛盾。此外，城市消费舒适物水平的转移表现出一定的空间依赖性；邻域环境对城市消费舒适物水平向上和向下概率的影响不对称；不同区域，邻域环境对城市消费舒适物水平转移产生差异化影响；不同发展阶段，邻域环境对城市消费舒适物水平转移也产生差异化影响。这强调了邻域环境对城市消费舒适物水平转移的影响存在异质性，因此，城市消费舒适物的建设和跨越式发展的实现，需要充分考虑自身情况与邻域环境特点，以及当前发展阶段。

4

消费舒适物、劳动力流动
与城市发展：理论框架

由第 3 章可知，城市消费舒适物水平在空间分布上存在明显的非均衡特征，这为劳动力跨区域流动提供了激励。本章以城市消费舒适物影响劳动力流动为主线，从劳动力流入倾向、劳动力定居倾向两个层面，探讨消费舒适物对劳动力流动的理论机制，并在此基础上，分析消费舒适物对产业结构升级的作用机理，进而构建消费舒适物、劳动力流动与城市发展研究的理论框架。

4.1 理论基础

4.1.1 消费舒适物理论

舒适物概念自 20 世纪 50 年代由经济学家厄尔曼（Ullman E L）提出，经过学者们不断完善，已经成为新知识经济背景下和后工业化城市发展中的一个重要理论框架，其要义在于打破了先前以物质和财富积累为中心的城市发展模式。厄尔曼（Ullman，1954）在《舒适物是区域增长的一个因素》一文中，基于对 20 世纪四五十年代美国地区人口增长的研究，发现气候作为一种重要的地域性舒适物，是地区人口显著增长的诱因。随着后工业时代的到来，城市作为消费中心的功能逐渐增强，格莱泽等（Glaeser et al.，2001）在《消费城市》一文中，基于 20 世纪八九十年代美国城市人口增长数据，认为高舒适性的城市人口增长更快。此后，舒适物研究不断深化和拓展，已成为后工业时代城市发展的一个重要理论。如今，相比较教育、社区组织等公共服务舒适性，城市消费性职能越来越被强调和重视，例如：休闲娱乐和消费的舒适性（Clark et al.，2002）。总体而言，西方舒适物理论打破了城市经济发展的传统观点，有助于进一步厘清城市生产与城市消费乃至城市发展的深层次关系。

4.1.2　需求层次理论

心理学家马斯洛于 20 世纪 40 年代提出需求层次理论，认为人的需求可以划分成五个等级，从低层级到高层级依次是生理需求、安全需求、社交需求、尊重需求和自我实现需求（Maslow，1943）。从一般意义上讲，自然界中一般的、先天的需求，越是低级、基本的需求；人类所特有的、后天的需求，越是高级的、发展的需求。同时，人的上述需求按照等级依次出现，只有当较低的需求得到满足后，才会出现较高的需求，但也不一定全部按照这五个顺序依次出现。第一，生理需求是指保证个体生理机能正常运转的需求，这是个体生存与发展的最基本需求。一般而言，生理需求得到满足以后，人们才会追求其他需求。第二，安全需求是指对人身安全、家庭安全、财产安全、健康保障等多维度的需求，在激励层面更多地体现为保健因素。第三，社交需求指期望得到友情、爱情等带来的情感慰藉，与个体的生理情况、生活经历、教育程度等有较大关系。第四，尊重需求指渴求较高的社会地位，个人的作为可以被社会及他人接受和肯定。第五，自我实现需求指最大限度挖掘个人潜力、展现个人实力，并能通过努力实现个人理想的需要。同时，自我实现也是觉悟上的自我突破，并能自觉完成与自己的能力相称的一切事情的需要，这是最高层次的需要。虽然需求层次理论是基于个体维度的理论创造，但从本质上说，同样也适用于解释城市发展。已有研究认为，个体需求变化与区域的发展有着内在一致性，城市发展需要以满足人们需求为出发点（朱鹏等，2006；黄江松，2018）。并且，人们会通过"用脚投票"来选择能够满足自己内在需求的城市。由此可见，城市发展需要特别重视舒适物建设。

从更深层次来看，增进民生福祉是发展的根本目的，城市舒适物作为人在感官和心情上感到舒适、愉悦、满足的事物，包括环境、事件、设施或服务等方方面面。因而，提升城市舒适物水平能够显著增进居民效用和民生福祉。国际经验表明，人均 GDP 达到 3000 美元之后，居民消费将由

满足"基本生活需求"向满足"享受和发展需求"升级。随着中国经济
社会的高速发展，新生代劳动力消费需求呈现不断升级趋势。特别是改革
开放 40 多年以来，我国国民经济实现了跨越式发展，居民消费需要实现
了由"基本生活消费需要"向"美好生活消费需要"的快速转变，居民
的享受型和发展型消费需要日益强烈（毛中根等，2016；朱雨可等，
2018）。所以，提升城市舒适物供给水平和质量，不断满足城市居民的多
样化、高层次需求，是贯彻"以人为本"的发展理念、增进民生福祉、实
现城市高质量发展的直接体现和必备前提。

4.1.3 人力资本理论

经济学家舒尔茨（Schultz T W）于 20 世纪 60 年代提出人力资本理
论，该理论认为人力资本也是一种资本，是知识、道德、体能和技术的综
合。不同于厂房、机器、设备、原材料、土地、货币和其他有价证券等实
物资本，人力资本是关于人的资本，蕴含于人身上的各种生产知识、生产
技能、管理技能以及健康素质等的资本。随后，维纳布斯（Venables，
2010）进一步完善了人力资本理论，提出人力资本并非同质的，可以通过
智力、体力、道德素质和寿命等劳动力因素来进行衡量。人力资本理论随
着研究者不断深入和丰富，经历了新古典政治经济学萌芽→现代人力资本
理论→当代人力资本理论→新人力资本理论四个阶段。主要涉及以下四个
方面：第一，在所有资源中，人力资源最为重要；第二，人力资本对经济
增长的效用超过物质资本；第三，人口素质是人力资本的核心，而教育投
资是提高人力资本的核心；第四，供求关系是教育投资的依据，人力价格
的浮动是衡量标准。基于人力资本理论可知，人力资本是城市发展的关
键，既是参与社会生产的直接要素，也是整合其他生产要素、推动技术进
步的关键因素。所以，以提升城市居民生活水平和主观福祉为导向的消费
舒适物，其发挥作用的关键着力点也在人力资本。从这个意义上说，消费
舒适物对城市发展进步具有重要现实意义。

4.1.4 创意阶层理论

城市经济学家佛罗里达提出创意阶层概念，个人的潜在创造力和实际
技能的应用是"超级核心创意人员"还是"职业创意人员"的重要标志

（Florida，2003）。科学家、艺术家、设计师、文学家等具有社会舆论和社会影响力的人士，属于"超级核心创意人员"；高科技、金融和法律等知识密集型行业的人士，属于"职业创意人员"。创意阶层具有创意和创造力、受教育水平普遍较高、具有一些共同的价值观和能力，他们崇尚多样性的文化消费，注重参与式体验消费，对城市生活条件有较高的要求（易华，2010）。脱离传统意义的人力资本，创意阶层是人类现今最稀缺的资本，是区域竞争的核心，更是经济增长的内在驱动力（洪进等，2011）。因此，基于创意阶层对消费舒适物的较高要求，提升消费舒适物水平能够满足创意阶层的生产生活需求，从而提升城市吸引力和竞争力，并最终形成城市发展的内生动力。

4.1.5 幸福公式理论

经济学家萨谬尔森提出著名的幸福公式：幸福 = 效用/欲望。这个公式是基于经济学效用理论，对幸福内涵的数学表达形式，从而构建了幸福感与经济学中效用之间的函数关系。效用在经济学中表示消费者通过消费或者享受闲暇等使自己的需求、欲望等得到的满足的一种度量。经济学家用它来解释理性消费者如何把他们有限的资源分配在能给他们带来最大满足的商品上。因此，经济学中的效用可以看作消费者从消费物品中得到的主观满足。若将城市中包括舒适物在内的各种产品和服务供给看成居民的消费品，那么消费舒适物水平高，会给当地居民带来更多效用，从而会增加居民主观幸福感。

4.2　理　论　框　架

消费舒适物作为一种消费型资本，强调其工具属性，即消费舒适物通过对人的吸引作用于城市发展，这也是消费品正外部性的一个体现。根据理性经济人假定，劳动力流动是为了实现个人或家庭效用最大化，即迁移到一个地方的预期收益大于预期成本。其中，这里的成本包括机会成本，即放弃流入其他地方所能获取的最高收益，而这里的收益不仅仅是经济收入，而且包括消费舒适物等。因不同消费舒适物水平的城市给当地居民带来的效用有所差异，进而促使劳动力"用脚投票"在区域间选择，构成外地劳动力是否选择"流进来"的基础。同时，消费舒适物对当地劳动力健康快乐工作生活状态的影响，这是当地劳动力是否"留得住"的基础。萨谬尔森幸福公式理论认为，效用与幸福感存在差异但紧密相关，劳动力效用的增加会带来幸福感的增加。人的幸福与快乐有其特定的根源，作为一个消费舒适物系统，城市舒适物有助于发挥消费舒适物的正外部性，增加当地居民效用水平，进而提升居民主观幸福感。因而，基于预期效用的"流进来"和基于幸福感的"留得住"均是消费舒适物作用于劳动力流动的重要内容。因此，本书从劳动力流入倾向、劳动力定居倾向两个层面，探讨消费舒适物对劳动力流动的理论机制。

依据需求层次理论，不同特征劳动者对消费舒适物需求存在差异性，进而导致消费舒适物对劳动者流动的异质效应。相对而言，高端劳动者具备较高的专业技能与生活品位，具有较强的流动能力，因而当其收入水平达到一定程度，对生活环境和发展预期的要求会更高。消费舒适物对劳动力流动异质性影响的结果是，高端劳动力更偏好于消费舒适物水平高的城市，这是人才集聚的重要前提，也是产业结构升级的重要基础。人才对地方质量有更高要求（Florida，2002），并"用脚投票"的方式在城市之间进行选择（Tiebout，1956）。同时，依据人力资本理论，人力资本积累及其结构提升有利于产业结构升级，城市消费舒适物水平越高，高端劳动力越集聚，人力资本越充足，产业创新发展的基础越扎实。此外，高新技术企业选择区位，除了考虑地方优惠政策外，更偏好于消费舒适物水平高的地方。依据人力资本理论、创意阶层理论，人力资本是最重要的生产要素之一，创意阶层是最稀缺的资本，因而消费舒适物水平高的地方高端人才集聚，反过来吸引高新技术企业在当地入驻，这是当前"工作追逐人才"的原因（Florida and Gates，2002）。因此，消费舒适物有利于促进产业结构升级，而产业结构升级是城市高质量发展关键，是从关注经济规模和增长过程，转向关注增长的结果和增长效益的重要体现。

4.3　本章小结

本章基于消费舒适物、需求层次、人力资本、创意阶层、幸福公式等理论，从劳动力流入倾向（短期流动）、劳动力定居倾向（长期流动）两个层面，探讨消费舒适物影响劳动力流动的理论机制。分析认为，消费舒适物通过作用于劳动力预期效用、幸福感，影响外地劳动力是否"流进来"和当地劳动力是否"留得住"。在此基础上，分析消费舒适物作用于高端劳动力流动，影响产业结构升级的内在逻辑，进而构建消费舒适物、劳动力流动与城市发展研究的理论框架。

5

城市消费舒适物与劳动力流入倾向

5.1 引　　言

推拉理论认为，人口迁徙是迁出地的推力与迁入地的拉力共同作用的结果。改革开放初期，区域间经济发展差距较大，预期收入差距成为驱动劳动力流动的主要因素，这一时期劳动力流动呈现"由农村到城市"和"由中西部到东南沿海地区"特点。随着城镇化、工业化发展到一定阶段，城镇常住人口比重高增速缓慢，甚至出现"收缩性城市"，区域和城乡收入差异逐步缩小。与此同时，出现"城—城"人口流动现象，相比于"乡—城"流动，"城—城"流动人口文化水平更高，从事职业更为高级，流动原因更为多元（马小红等，2014）。而随着经济社会发展，居民收入水平提高，劳动力消费需求升级，实现了由"基本生活消费需要"向"美好生活消费需要"转变。劳动力更加关注"非物质因素"，更倾向于流入消费舒适物水平高的城市，因为这里有优质的公共服务、包容的社会环境、优美的生态环境、多样的商业消费，甚至为了留在消费舒适物水平高的城市，宁愿损失收入或从事非专业职业。

劳动力既是消费者，能为城市带来消费力；又是生产要素，能为城市带来生产力，从而成为城市间激烈争夺的对象。人们对生活质量的追求，是消费舒适物产生吸引力的根本原因（Rappaport，2009）。消费舒适物水平高的城市能够降低流入后的消费成本、降低流入后的社会融入成本、增加未来预期收入等，增加劳动力预期效用，抑或减少劳动力预期流入成本，从而吸引劳动力流入，进而实现劳动力要素资源集聚，促进城市发展。

5.2　理　论　分　析

　　根据理性经济人假定，劳动力流动是为了实现个人或家庭效用最大化，即迁移到一个地方的预期收益大于预期成本。其中，这里的成本包括机会成本，即放弃流入其他地方所能获取的最高收益，而这里的收益不仅仅是经济收入，而且包括消费舒适物等非经济因素。劳动力在决定是否流入某个城市时，更多的是以该城市的预期平均工资水平为基准，来推断流入后的实际收入情况，而消费舒适物建设将从三个主要方面影响其流入后的实际收入。

　　降低流入后的消费成本。消费舒适物包含优质的公共服务、包容的文化环境、优美的自然环境、便利的商业消费环境等，这些有助于劳动力效用增加，比如教育让人更加聪慧、医疗让人更加健康，人文让人更加包容、生态让人更加舒畅、商业让生活更加多彩。为了享有同等质量消费资源，劳动力需要支付一定成本，而在城市所需付出的成本有差异，一般而言，消费舒适物水平高的地方消费成本更低。从教育舒适物来看，我国居民历来对教育资源非常重视，自古就有"孟母三迁"典故。特别是在优质教育资源相对稀缺的背景下，且租购尚未实现真正意义上的"同权"，因此，获得更好的教育资源是驱动劳动者跨区域迁移及购房定居的重要因素（丁维莉和陆铭，2005；夏怡然和陆铭，2015）。从医疗舒适物来看，随着收入水平提高，人们更加关注健康，获得更好的医疗条件也是劳动力流动的重要目的。从交通舒适物来看，便捷的交通条件，既可以减少旅途时间损耗，又能带来更多发展机会，城市的交通条件也是劳动力流动考虑的重要因素。从商业舒适物来看，商业发达的地方往往具有更多消费机会、更低的消费成本，商品的多样性对人们（尤其是年轻人）形成强烈吸引。

　　降低流入后的社会融入成本。消费舒适物水平高的地方，往往社会更加开放包容，这可以增强劳动者享有当地消费舒适物的公平性，能在更大程度上满足不同个体对于消费舒适物的差异化需求，从而降低社会融入成本。城市包容性是城市消费舒适物的一个构成部分，表现为城市的开放性、宽容性和多样性（Florida and Gates，2003），强调发展成果共享和机会公平（郑杭生和陆益龙，2011）。城市包容性一定程度上有利于劳动力的社会融入，增强社会互动，更好地促进劳动者发展（周颖刚等，2020）。

郑杭生和陆益龙（2011）认为，开放、包容的城市应向所有居住人口提供统一的社会生活方面的管理与服务，以保障他们的基本权益，包括"居住权、劳动权益、享用基本公共品的权益、子女受教育权和享受公共服务的权益"。这也意味着，文化舒适物水平越高，劳动者越能较好地融入当地生活，享有与当地居民一样的权利，一定程度上降低了劳动者流入的预期成本。

增加未来预期收入。消费舒适物水平提升有利于促进劳动效率提高。第一，消费舒适物影响劳动力健康水平。"人们生活在优美的生态环境和良好的社会环境中，能享受大自然的丰厚赐予和人间的幸福生活，提高消费质量，这就大大有利于人的身心健康和全面发展"（尹世杰，2006）。环境污染（包括空气污染等）等会影响劳动者健康水平，造成入院率、死亡率增加（Ostro，1983；Schwartz，1991；Brunekreef，1999；张燕萍等，2008），这一定程度上增加了劳动者误工概率（Hausman et al.，1984；李佳，2014）。李佳（2014）研究发现空气污染对劳动力供给存在负向影响，二氧化硫污染排放量上升 1%，将导致劳动力供给减少 0.028%。豪斯曼等（Hausman et al.，1984）研究发现空气中总悬浮颗粒物增加一个标准差，会导致劳动者的误工天数增加 10%。第二，消费舒适物水平提升会带动人力资本增值。文化教育具有外部性，文化教育水平高的地方会增加劳动者学习新知识、掌握新技能的机会，进而提升劳动者人力资本。医疗卫生舒适水平高的城市，可以为劳动者健康提供较好保障，有利于提升劳动者健康，促进劳动生产率提高。第三，消费舒适物建设有利于改善发展预期，增加预期收入。舒适物水平高的城市更容易获得"注意力经济"，进而增强城市的吸引力。比如，一曲《成都》火遍大江南北，"和我在成都的街头走一走""坐在小酒馆的门口"一时成为年轻人的"心声"和"期待"。城市的"美好生活"名片，也会让"外地人"对此产生更好的期待，认为在此工作和生活是一件令人愉悦而幸福的事情。比如成都的"美食""川妹子""大熊猫"、杭州的"西湖""移动之城"也塑造着地方特有的吸引力。

基于理性经济人假设，本书假定劳动力能从当前城市消费舒适物建设中预期到未来实际收入（或效用）。此外，为便于分析，本书将城市消费舒适物建设所带来的预期收入（或效用）增加调整为预期流入成本的减少，也可以理解为了享有同等生活质量所需要付出一定成本，而在不同舒适物水平城市所付出的成本有差异。并以工资水平为基准，根据城市消费舒适物水平相应调整真实收入（或效用）。因此，假定流入城市 i 的预期成本为 fc_i，城市舒适物水平为 ca_i，并且 ca_i 的取值范围为 $[0,1]$，取值越大则说明消费舒适物水平越高。那么，当城市工资 w 明确时，劳动力的实际收入均值为 $w-(1-ca_i)fc_i$。

依据假定条件，x 服从 $N[w-(1-ca_i)fc_i,(1-ca_i)\sigma^2]$ 这一正态分布，此处设定 σ^2 为常数。不妨假定劳动力为风险厌恶者，相应的风险厌恶系数为效用函数二阶导与一阶导的比值，即为 $\alpha=(d^2U/d^2y)/(dU/dy)$。根据微分方程的求解方法，本书对 α 求解析解，并将劳动者的个体效用函数简化设置为 $U(y)=Ce^{-\alpha y}$。进一步控制其他城市信息 Z，此时该效用函数的条件期望函数可以表示为：

$$E(U_{ij}\mid ca_j,w,Z)=Ce^{-\alpha\left[w-(1-ca_j)fc_j+\frac{1}{2}\alpha^2(1-ca_j)\sigma^2\right]} \quad (5-1)$$

控制各备选城市集的工资水平后，即 w 为常数，式（5-1）可转换为：

$$E(U_{ij}\mid ca_j,w,Z)=Ce^{\alpha(1-ca_j)fc_j+\frac{1}{2}\alpha^2(1-ca_j)\sigma^2} \quad (5-2)$$

式（5-2）对城市消费舒适物水平 ca_j 求一阶导数可得：

$$\frac{\partial E(U_{ij}\mid ca_j,w,Z)}{\partial ca_j}=Ce^{\alpha(1-ca_j)fc_j+\frac{1}{2}\alpha^2(1-ca_j)\sigma^2}\left(\alpha fc_j+\frac{1}{2}\alpha^2\sigma^2\right) \quad (5-3)$$

其中，$C>0,\alpha>0,ca_j\in[0,1]$。因而，根据式（5-3），由于指数函数的取值范围大于 0，其各项乘数均为正值，所以可以推导出城市消费舒适物水平 ca_j 的一阶导数值大于 0，即 $\dfrac{\partial E(U_{ij}\mid ca_j,w,Z)}{\partial ca_j}>0$。也即是说，城市消费舒适物水平提升，能够促进劳动力个体层面效用水平的提高，进而有利于增加劳动力流入该城市的概率。

假设 1：城市消费舒适物对劳动力流入倾向具有正向影响。

由式（5-3）可知，$\dfrac{\partial E(U_{ij}\mid ca_j,w,Z)}{\partial ca_j}$ 的具体取值受到风险厌恶系数 α 的影响，且 α 取值大小，与消费舒适物所能带来的劳动力个人效用大小呈正相关。由风险厌恶系数的内涵可以推断出，个人收入水平越高，其边际效用下降得越多，而 α 取值越大，$\dfrac{\partial E(U_{ij}\mid ca_j,w,Z)}{\partial ca_j}$ 也越大。可以理解为，从静态来看，收入水平高的劳动力，城市消费舒适物对其效用作用更大；从动态来看，随着个人收入的不断提升，城市消费舒适物对其效用作用也更大。从需求弹性角度来看，假定收入和消费舒适物给劳动力带来的效用符合边际效用递减规律，在收入处于较低水平时，收入增长比消费舒适物增加能带来更多效用，这使劳动力在进行流动决策时更加关注收入水平。而当收入处于较高水平时，劳动力转而更加关注消费舒适物水平，此时增加一单位的消费舒适物，将给劳动力带来更大的效用。也即是说，高素质劳动力消费需求层次更高，对消费舒适物更为关注，相应地，舒适物增加能给他们带来更大价值。

劳动者根据个人或家庭效用最大化来进行流动决策，由于个体或家庭情况存在差异，进而导致城市舒适物对劳动者流入决策的影响存在异质性。依据需求层次理论，不同经济和个人状况的劳动者消费需求存在差异性。比如，新生代农民工相对第一代农民工而言，受教育程度较高、生活环境较好，外出打工的目的不再是纯粹地挣钱，对社会公平、工作环境、发展机会和文化生活等方面有着更高的要求（辜胜阻等，2011）。相对而言，高技能高学历劳动者更偏好于高舒适物水平的城市，因为收入水平达到一定程度，对生活环境和发展预期的要求更高。比如，一些大学毕业生宁愿做"漂流一族"，也要留在大城市，更多是因为喜欢都市的生活与自由，因这里有夜市、网红店、文体赛事、地铁等。从社会学角度看，高技能高学历劳动者生活工作在舒适物水平高的城市，也是为了追求"消费流动"以及"社会地位流动"，舒适物不仅满足其消费或趣味，而且对外彰显其社会地位（王宁，2014）。比如，一些地方设立产业园区，并在经济待遇、住房等方面给出优厚条件，但仍难以招到符合要求的科技人才。从"经济流动"到"消费流动"是一个跃升的过程，也是经济发展到一定阶段的现象，随着时间推移这种作用将日渐增强。因此，劳动者的年龄、技能水平、流动年份、文化水平等因素都会对劳动者的流动选择产生影响。

假设2：城市消费舒适物对劳动力流入倾向的影响具有个体异质性，高素质劳动力流入决策更易受到消费舒适物的影响。

5.3　研究设计

5.3.1　模型构建

实证策略上，本书结合微观数据考察城市消费舒适物对劳动力流动方向选择的影响。劳动力在决定流动方向时面临一系列备选目的地城市的选择，其效用依赖于流入地城市的特征与个人偏好，并依据效用最大化原则进行比较和选择。假设劳动力选择流向某个城市的效用函数如式（5-4）所示。

$$U_{ij} = \vartheta ca_{ij} + \eta X_{ij} + \varepsilon_{ij} \qquad (5-4)$$

其中，ca_{ij} 代指劳动力 i 可选择流入城市 j 的消费舒适物水平，X_{ij} 代指劳动者 i 可选择流入城市 j 的其他属性向量，ϑ、η 分别为对应参数，ε_{ij} 为残差项。

劳动力 i 在 R 个城市选择可以最大化其个人效用的城市，一般需要满足流入所选城市带来的效用大于其他备选城市带来的效用，可由式（5-5）将条件简化为：

$$U_{ij} > U_{ik} \quad \forall j \neq k \qquad (5-5)$$

此时，劳动力 i 选择流向城市 j 的概率可以由式（5-6）表示为：

$$prob(choice_{ij} = 1) = \frac{e^{\vartheta ca_{ij} + \eta X_{ij}}}{\sum\limits_{j=1}^{R} e^{\vartheta ca_{ij} + \eta X_{ij}}} \qquad (5-6)$$

其中，$choice_j$ 表示劳动者 i 是否选择城市 j，当选择城市 j 时，$choice_{ij}$ 为 1，否则为 0。因为这里被解释变量是定性变量，且是在多城市之间选择，比较适合使用麦克法登（McFadden，1974）所提出的条件 Logit 模型分析，所以本书采用条件 Logit 模型来估计城市舒适物对劳动力流入决策的影响。

此外，本书考虑到城市异质性和个体异质性对劳动者决策带来的影响。在条件 Logit 模型中，这种异质性通过在估计模型中加入交互项的方式进行考察。具体而言，考察城市异质性影响，要在模型中加入城市异质 q_j 与消费舒适物水平的交互项，如式（5-7）所示。在消费舒适物水平系数 ca_{ij} 方向及显著性不变的前提下，如果交互项系数 ω 显著，那么说明存在区域异质性。考察个体异质性影响，要在模型中加入个体异质 p_i 与城市舒适物水平的交互项，如式（5-8）所示。同理，在消费舒适物水平系数 ca_{ij} 方向及显著性不变的前提下，如果交互项系数 γ 显著，那么说明存在个体异质性。

$$prob(choice_{ij} = 1) = \frac{e^{\vartheta ca_{ij} + \omega ca_{ij} \cdot q_j + \eta X_{ij}}}{\sum\limits_{j=1}^{R} e^{\vartheta ca_{ij} + \omega ca_{ij} \cdot q_j + \eta X_{ij}}} \qquad (5-7)$$

$$prob(choice_{ij} = 1) = \frac{e^{\vartheta ca_{ij} + \gamma ca_{ij} \cdot p_i + \eta X_{ij}}}{\sum\limits_{j=1}^{R} e^{\vartheta ca_{ij} + \gamma ca_{ij} \cdot p_i + \eta X_{ij}}} \qquad (5-8)$$

5.3.2 数据说明与描述性分析

参照上文设定的劳动力流向选择模型，这里以流动劳动力个体特征与城市层面特征相匹配的数据，来考察城市消费舒适物对个体层面劳动力流入的影响。本书城市层面数据来自《中国区域经济统计年鉴》、《中国城市统计年鉴》、Wind 数据库等，以及各城市统计年鉴和年度统计公报。基于研究策略的需要和数据的可获得性，得到 2003～2013 年我国城市层面面板数据。此外，流动劳动力的个体数据获取于中山大学社会科学调查中心的"2014 年中国劳动力动态调查数据"（CLDS）。通过数据清理，对个体劳动力流动数据与城市层面特征数据匹配，共识别出 175 个城市 3394 个劳动力流动样本。为了更好地与 2014 年 CLDS 数据相匹配，将城市层面 2003～2013 年数据取均值，然后以历年均值水平来反映城市特征。

主要解释变量为城市消费舒适物水平（ ca ）。根据公共服务、人文、生态、商业等四个方面构建指标体系，对城市消费舒适物水平进行测度，具体见上文，在此不再赘述。

城市层面控制变量表示其他影响劳动力流入的宏观因素，主要包括：①工资水平，用职工平均工资来代指。一般来说，劳动力是"经济人"，对其来说更高的工资或收入意味着更高的个人效用，因而高工资水平的城市会吸引更多劳动力流入。同时，当工资增长到一定阶段，人们对非物质因素更为重视，为了享有更好的消费舒适物而放弃高工资的现象也日益增多，也即工资水平给劳动力带来的效用边际递减。因而，这里将工资水平的二次项也作为控制变量，考虑工资水平对劳动力流入的倒 U 型影响。②房价，用商品住宅平均销售价格来代指。一般来说，高房价会增加居住生活成本，进而对外来劳动力流入产生一定阻碍。只有控制房价因素，名义工资对劳动力流入的影响才能更接近于真实工资的影响。同时，消费舒适物会资本化为房价，即良好的消费舒适物水平也许部分反映在高房价上，因而控制房价可以减少消费舒适物水平系数因遗漏变量问题带来的影响。③人口规模，用年末户籍人口数量来代指。一般而言，人口规模越大城市集聚效应越强，越能给劳动力带来更多好处。同时，人口规模可能会影响到城市就业机会、收入水平以及消费舒适物供给等，因而控制人口规模可以减少消费舒适物水平等系数的估计偏误。④投资率，用固定资产投资规模占 GDP 的比重来代。一般而言，高投资率会在短期内带动劳动力需求增加（夏怡然和陆铭，2015），然而投资率并非越高越好，过多的投资会挤占消费，投资错配会诱发赤字增加、产能过剩等弊端（刘长庚，2018）。⑤产业结构，用第三产业占 GDP 的比重来代指。一般而言，第三产业具有较强的就业吸纳能力，同时部分第三产业内容也可以作为消费舒适物，因而控制产业结构因素可以减少消费舒适物水平系数的估计偏误。⑥失业率，用登记失业人数占比来代指。一般来说，失业率高意味着工作机会少，劳动力会规避失业率高的城市。然而，由于职工工资和失业率的登记范围有限，更多针对非农户口，因而需要控制其他因素作为补充。此外，用流出地与流入地是否同省、之间距离来指代流动心理成本和流动交通成本，以控制空间距离因素。具体见表 5 - 1。

表 5 - 1　　　　　　　　　　城市特征变量描述性统计

名称	变量	定义	样本数	平均值	标准差	最小值	最大值
消费舒适物水平	ca	指标体系得分	175	0.17	0.11	0.05	0.68
投资水平	fi	固定资产投资总额占 GDP 比重（%）	175	0.47	0.11	0.19	0.85
工资水平	wage	职工平均工资（万元/年）	175	2.19	0.57	1.35	4.72
房价	hp	商品住宅平均销售价格（万元/平方米）	175	0.27	0.18	0.11	1.38
产业结构	is	第三产业增加值占 GDP 比重（%）	175	0.37	0.08	0.19	0.64
失业率	ur	登记失业人数/（登记失业人数 + 在岗职工人数）	175	0.06	0.02	0.01	0.17
人口规模	pop	年末户籍人口数量（百万人）	175	4.87	2.63	0.54	12.44
同省流动	ts	流出地与流入地是否同省（是1，否0）	593950	0.05	0.23	0.00	1.00
流动距离	juli	流出地与流入地距离（千公里）	593950	1.11	0.62	0.00	3.89

　　注：采用内插法处理缺失值，并在 1% 的水平上对数据进行缩尾处理，以减少异常值；投资水平、工资水平、房价均以 2003 年为基期，利用居民消费价格指数（cpi）进行了平减处理。

个体劳动力流动样本是依据问卷中"请问您自 14 岁以来，您是否有过跨县市迁移经历？"问题筛选得到。根据 CLDS 定义，"迁移经历指从一个县市迁移到另一个县市，并连续居住六个月及以上；同一个城市内区与区之间的迁移不算，同一城市内县与区之间的迁移算；如果被访者目前到本地居住不满半年，也算一次迁移经历"[1]。实证策略需要，本书假设相对未发生过迁移的劳动力，有迁移经历的劳动力更能根据自身效用最大化做出迁徙决策。相关劳动力流动样本的个人特质见表 5 – 2。

表 5 – 2 劳动力个人特征变量描述性统计

名称	变量	定义	样本数	平均值	标准差	最小值	最大值
性别	*sex*	男 1，女 0	3394	0.44	0.50	0.00	1.00
年龄	*age*	岁	3394	40.92	12.37	15.00	64.00
技能水平	*skill*	拥有资格证书 1，否 0	3394	0.21	0.41	0.00	1.00
文化水平	*deg*	受教育年限	3393	9.89	3.97	0.00	22.00
	fdeg	父亲受教育年限	3156	6.26	4.35	0.00	22.00
	mdeg	母亲受教育年限	3201	4.49	4.25	0.00	16.00

注：CLDS 基于随机分层抽样方法，在劳动力的流出地进行溯源调查，调查对象为样本家庭户中年龄 15 ~ 64 岁的全部劳动力；文化程度对应关系如下：未上过学的设为 0，小学程度设为 6，中学程度设为 9，高中程度设为 12，大学专科程度设为 14，大学本科程度设为 16，硕士程度设为 19，博士程度设为 22。

5.4 城市消费舒适物对劳动力流入倾向的影响

5.4.1 基本回归

使用条件 Logit 模型分析城市消费舒适物对劳动力流向决策影响，具体结果见表 5 – 3。模型（1）仅考虑消费舒适物对劳动力流向选择的影响，回归系数为 4.937，且在 p 值为 1% 水平上显著，说明劳动者在流动城市决策时会更倾向于消费舒适物水平较高的城市。在模型（1）的基础

---

① 引自"2016 年中国劳动力动态调查数据"（CLDS）的劳动力个体问卷。

上，模型（2）进一步控制工资水平、房价、人口规模、投资水平、产业结构、失业率等城市层面因素，模型（3）进一步控制流动心理成本、流动交通成本等因素，模型（4）进一步控制省区固定效应。通过比对模型（1）～模型（4）的结果，发现消费舒适物水平的系数均显著为正，说明存在"消费流动"现象，也即劳动力为更好地享有地方化消费舒适物而跨区域流动。

表 5 - 3　　　　　　　　　　　　基准回归

变量	（1）clogit	（2）clogit	（3）clogit	（4）clogit	（5）clogit
	choice	choice	choice	choice	choice
ca	4.937 ***	7.983 ***	4.854 ***	9.565 ***	1.088 ***
	(56.07)	(23.98)	(12.83)	(15.50)	(15.50)
wage		0.869 ***	1.591 ***	1.302 ***	0.744 ***
		(5.57)	(8.95)	(5.24)	(5.24)
wagesq		-0.284 ***	-0.319 ***	-0.484 ***	-0.484 ***
		(-10.92)	(-10.86)	(-11.81)	(-11.81)
hp		0.936 ***	1.701 ***	1.861 ***	0.339 ***
		(5.70)	(9.25)	(7.79)	(7.79)
pop		-0.050 ***	-0.044 ***	-0.030 ***	-0.078 ***
		(-6.76)	(-5.21)	(-2.65)	(-2.65)
fi		-3.708 ***	-3.225 ***	-1.404 ***	-0.157 ***
		(-20.22)	(-15.72)	(-5.31)	(-5.31)
is		-1.467 ***	0.259	-2.680 ***	-0.203 ***
		(-4.43)	(0.64)	(-4.60)	(-4.60)
ur		3.290 ***	3.725 ***	4.822 ***	0.114 ***
		(3.80)	(3.84)	(5.18)	(5.18)
ts			2.204 ***	2.725 ***	2.725 ***
			(38.19)	(37.61)	(37.61)
juli			-2.384 ***	-2.681 ***	-2.681 ***
			(-32.33)	(-31.57)	(-31.57)

续表

变量	(1) clogit	(2) clogit	(3) clogit	(4) clogit	(5) clogit
	choice	*choice*	*choice*	*choice*	*choice*
地区固定	否	否	否	控制	控制
chi2	2334.179	3200.243	13388.94	14615.78	14615.78
pseudo R^2	0.067	0.091	0.382	0.417	0.417
N	593950	593950	593950	593950	593950
个体数量	3394	3394	3394	3394	3394
城市数量	175	175	175	175	175

注：括号内为 t 值，*** 代表 p<0.01。

根据模型（4）回归结果，可以粗略计算出消费舒适物对劳动力流向的作用力。消费舒适物水平的回归系数为 9.565，且在 p 值为 1% 水平上显著，表明控制其他因素后，消费舒适物水平对劳动者流入仍具有正向影响。此外，需要说明的是，工资水平的回归系数显著为正，工资二次项系数显著为负，与预期一致。这符合需求层次理论，即当物质水平达到一定程度，人们追求更高层次的需要，甚至愿意接受相对较低的工资，以获得更好的消费舒适物作为补偿。房价的回归系数显著为正，说明房价作为预期因素对劳动力的吸引力，大于作为生活成本的外推力，同时城市发展经验表明，房价上涨可以通过土地财政支持高铁、机场等舒适物建设。投资率的回归系数显著为负，说明高投资率并未吸引劳动力流入，这是因为投资率高低与地方城镇化进程有关，往往是城市发展落后的地区靠维持较高的投资率带动经济增长。产业结构系数显著为负，与通常的理解不一致，可能在控制消费舒适物水平、工资水平后，产业结构的作用被遮掩。失业率的回归系数显著为正，与通常理解的不一致，可能受到登记失业人数的统计口径影响，因为登记失业率仅能反映城镇户籍人口失业情况，无法反映常住人口失业情况。同省流动的回归系数显著为正，与预期相符，说明在省内更具有归属感，人们更倾向于省内流动。流动距离的回归系数显著为负，与预期相符，说明劳动力更倾向于近距离流动。模型（5）是基于对所有变量进行标准化处理之后的回归结果，在分析消费舒适物对劳动力流入的相对作用方面具有较好的解释力。结果显示，消费舒适物水平的回归系数为 1.088，根据概率比（odds ratio）转换公式 exp（1.088）得到值为 2.968，可以解释为消费舒适物水平提高一个标准差，劳动力流入概率比增加 1.968 倍。

5.4.2　稳健性检验

（1）区分流动动机

劳动力流动具有多重目的的考量，结合 CLDS 问卷调查的内容，将流动目的与工作直接相关的样本区分出来，选择务工经商为流动目的的样本，包含了 1165 个样本，相比而言，以此为目的的流动者经过对备选城市收益和风险的充分考量，更偏向于自主抉择。其他原因（工作调动、分配录用、学习培训、家属随迁、婚姻、转干、参军、上山下乡等）流动决策受到更多其他家庭、个人因素的因素影响，可能会导致流动未反映自主的流动选择。表 5-4 中模型（6）结果显示，城市舒适物水平的回归系数为 5.596，且在 p 值为 1% 的水平上显著，说明在完全依据自身收益和风险决策时，城市舒适物水平对劳动者流入仍具有正向影响。

表 5-4　　　　　　　　　　稳健性检验

变量	（6）clogit	（7）clogit	（8）clogit	（9）poisson	（10）nbreg
	choice	*choice*	*choice*	*num*	*num*
ca	8.328 ***	9.380 ***	10.550 ***	9.989 ***	9.235 ***
	（7.02）	（15.35）	（16.65）	（16.36）	（3.77）
ca × yh		−1.849 ***			
		（−3.25）			
yh		0.671 ***			
		（5.18）			
ca × jb			−6.433 ***		
			（−8.20）		
jb			1.930 ***		
			（6.70）		
wage	4.330 ***	0.721 **	−0.808 **	1.251 ***	0.480
	（9.30）	（2.10）	（−2.27）	（5.07）	（0.33）
wagesq	−0.987 ***	−0.324 ***	−0.044	−0.483 ***	−0.248
	（−12.96）	（−4.73）	（−0.66）	（−11.82）	（−0.86）

变量	(6) clogit	(7) clogit	(8) clogit	(9) poisson	(10) nbreg
	choice	choice	choice	num	num
hp	3.104 ***	1.852 ***	2.459 ***	1.590 ***	1.497
	(8.87)	(7.66)	(9.63)	(6.68)	(1.30)
pop	−0.015	−0.033 ***	0.002	−0.029 ***	0.018
	(−0.73)	(−2.91)	(0.21)	(−2.64)	(0.36)
fi	−2.583 ***	−1.014 ***	−1.100 ***	−1.380 ***	−1.463
	(−5.05)	(−3.67)	(−3.97)	(−5.19)	(−1.43)
is	−2.667 **	−2.640 ***	−3.117 ***	−2.360 ***	−2.871
	(−2.39)	(−4.57)	(−5.32)	(−4.11)	(−1.25)
ur	2.036	4.189 ***	6.786 ***	4.729 ***	5.184
	(1.14)	(4.57)	(7.04)	(5.10)	(1.10)
ts	2.637 ***	2.716 ***	2.716 ***		
	(17.35)	(37.51)	(37.45)		
juli	−2.339 ***	−2.697 ***	−2.698 ***		
	(−16.24)	(−31.68)	(−31.54)		
地区固定	控制	控制	控制	控制	控制
_cons				2.739 ***	1.594
				(6.47)	(0.83)
chi2	4994.807	14647.81	14693.41	3968.894	122.438
pseudo R^2	0.415	0.418	0.419	0.605	0.090
N	203875	593950	593950	175	175
个体数量	1165	3394	3394	—	—
城市数量	175	175	175	175	175

注：括号内为 t 值，** 代表 $p < 0.05$，*** 代表 $p < 0.01$。

（2）考虑城市异质性

由于城市消费舒适物水平在空间上存在较大差异，从城市异质性视角考察消费舒适物对劳动力流入的影响具有必要性，既可以深入了解消费舒适物发挥作用的区域条件，为因地施策提供理论支持，又可以作为考虑区域因素后的基础回归的稳健性检验。考虑到区域分类的重要性与数据可获得性，这里将城市划分为沿海和内陆、副省级以上级别城市和地级市。

从模型（7）结果来看，消费舒适物水平的回归系数为 9.380，交互项系数为 -1.849，且均在 p 值为 1% 水平上显著，这表明流入内地城市的劳动力更倾向于消费舒适物水平高的城市。不同于经济发达的沿海地区，内陆地区仍处于经济集聚发展阶段，即依靠优势城市做大做强，以发挥对其他城市的引领带动作用。在这种发展逻辑之下，"强省会"成为内陆大多数省份的政策取向，从而集中省内财政资金投入省会建设，比如修建地铁、公园、医院、学校等，这也使得省域内部不均衡程度更高。此外，在考虑了房价、通勤等生活成本后，部分内地省会工资并不高，比如合肥市。可能因为，从地方城市向省会城市集聚，这既是一种"社会流动"，也是一种"消费流动"。因而，在控制地理距离、文化距离因素，尤其是省区固定效应后，流入内陆城市的劳动力对消费舒适物更敏感。

从模型（8）来看，消费舒适物水平的回归系数为 10.550，交互项系数为 -6.433，且均在 p 值为 1% 水平上显著，这表明流入低级别城市的劳动力更倾向于消费舒适物水平高的城市。由城市消费舒适物水平空间分布格局可以看出，高级别城市消费舒适物水平明显高于一般地级市，高级别城市一般为区域性中心城市，消费资源较为丰富，而低级别城市消费资源较少，流入低级别城市的劳动者对城市舒适物水平更加敏感。比如，省会城市由于行政级别高，在省域层面消费资源配置中具有优先权。那么，相比较而言，人们在地级市级别城市中选择流入的时候，由于消费资源较为稀缺，因而人们对之更加敏感，这也就是为何流入低级别城市的劳动力对消费舒适物的反映更为强烈的原因所在。

（3）更换回归模型

以上模型侧重于分析劳动力的在各城市中的流向选择，而未能识别劳动力流入各城市的人数多少。这里加总历年城市流入总人数，生成截面数据，并使用泊松模型、负二项回归模型，见表 5 - 4 模型（9）、模型（10）。结果显示，城市消费舒适物水平的回归系数分别为 9.989 和 9.235，且在 p 值为 1% 水平上显著，说明消费舒适物对劳动力流入总量也具有正向影响。

此外，以上模型是基于 2003～2013 年城市层面各变量的均值，来研究其对劳动力流动决策的影响，但人们对消费舒适物水平的重视是一个不断深入的过程。本书进一步将问卷中流入年份与流入城市归类整理，生成 2003～2014 年各个城市流入人数总量，并以之作为因变量进行拓展分析。参照夏怡然和陆铭（2015）、张海峰等（2019）的处理方法，为了避免因城市舒适物水平与劳动力流入存在双向因果关系所引致的偏误，这里实证检验消费舒适物对劳动力流入作用时，将解释变量与控制变量均做前定变量处理，也即将回归中解释变量均滞后一期。表5-5中模型（11）、模型（12）分别是面板泊松回归和负二项回归结果，消费舒适物水平的系数分别为3.889和5.489，均在p值为1%水平上显著，与基准回归结果较为吻合。通过时间维度考察，在匹配劳动力流动年份后，城市消费舒适物对劳动力流动仍然保持稳健正向的影响。

表5-5　　　　　　　　　　稳健性检验：时间维度

变量	（11）poisson	（12）nbreg	（13）poisson	（14）nbreg
	num	num	num	num
L. ca	3.889***	5.489***	2.030***	2.272**
	(7.20)	(6.47)	(2.60)	(2.45)
rhoz			0.181***	0.256***
			(17.51)	(10.08)
L. wage	-0.235***	-0.385***	-0.085	0.083
	(-2.58)	(-2.64)	(-0.79)	(0.55)
L. wagesq				
L. hp	0.230	0.373	1.038***	1.048***
	(1.30)	(1.41)	(3.97)	(3.42)
L. pop	-0.060***	-0.111***	-0.129***	-0.125***
	(-3.06)	(-3.44)	(-4.70)	(-3.67)
L. fi	0.976***	1.215***	-0.805***	-0.760**
	(4.76)	(3.16)	(-2.87)	(-2.11)
L. is	-0.034**	0.002	-0.089***	-0.090***
	(-2.29)	(0.11)	(-3.98)	(-3.50)
L. ur	0.344	-0.169	-0.228	-0.772*
	(1.38)	(-0.48)	(-0.58)	(-1.69)
地区固定	控制	控制	控制	控制
时间固定	控制	控制	控制	控制
_cons	-2.213***	-2.924***	-3.163***	-3.177***
	(-5.40)	(-4.67)	(-5.48)	(-4.68)

变量	（11）poisson	（12）nbreg	（13）poisson	（14）nbreg
	num	*num*	*num*	*num*
chi2	2136.775	679.422	1931.965	815.100
pseudo R²	0.347	0.152	0.520	0.316
N	1925	1925	913	913
时间跨度	11	11	11	11
城市数量	175	175	83	83

注：括号内为 t 值，＊代表 $p < 0.1$，＊＊代表 $p < 0.05$，＊＊＊代表 $p < 0.01$。

（4）工具变量检验

因为两阶段最小二乘法（TSLS）及其检验不再适用于 Logit 模型分析，而面板泊松回归、负二项回归结果较为稳健，一定程度上可以参考西尔贝（Hilbe，2011）两步法，进一步使用工具变量分别展开两阶段的泊松回归和负二项回归。本书借鉴张海峰等（2019），使用城市自然保护区面积占行政区划面积的比值作为城市消费舒适物水平的工具变量。一方面，自然保护区能够反映生态环境情况，而生态环境是消费舒适物的重要内容。另一方面，自然保护区是环保部批准的，具有长期的持续性，劳动力流动决策不会直接受到自然保护区面积占比的影响，因而自然保护区面积占比是城市消费舒适物水平较为合适的工具变量。具体来说，第一步，采用最小二乘法（OLS），将消费舒适物水平对工具变量及控制变量进行回归，并得到相应估计残差；第二步，将消费舒适物水平、第一步回归得到的残差及控制变量对劳动力流入人数分别进行泊松回归和负二项回归，具体回归结果见表 5-5 中模型（13）、模型（14）。从两步法泊松回归和负二项回归的估计结果来看，残差系数均在 1% 水平上显著，表明之前回归确实存在内生性偏误，工具变量的选择较为合适。经过工具变量处理后的消费舒适物水平的回归系数仍然显著为正，与基准模型（4）回归结果一致。

5.5 城市消费舒适物对劳动力流入倾向的个体异质性影响

上述研究均基于劳动力无差异假设，而现实是劳动力流动偏好及效用存在较大差异，这里拟从年龄、技能水平、流动年份、文化水平等特征展开劳动力异质性分析，深入考察城市消费舒适物对劳动力流向的影响。由于条件 Logit 模型不能直接引入个体变量，需要构建消费舒适物水平与个体特征变量的交互项，一定程度上构造的交互项能够反映劳动力流向选择的个体异质效应。对应年龄、技能水平、流动年份、文化水平等四个个体特征，分别在表 5-6 中的模型（15）～模型（18）中汇报了个体异质性回归结果。

表 5-6   个体异质性回归

变量	（15）clogit	（16）clogit	（17）clogit	（18）clogit	（19）clogit	（20）clogit
	choice	*choice*	*choice*	*choice*	*choice*	*choice*
ca	9.539 *** (15.46)	9.602 *** (15.55)	9.549 *** (15.28)	9.624 *** (15.56)	9.702 *** (15.12)	9.549 *** (15.00)
ca × age	−0.062 *** (−7.29)					
ca × skill		1.586 *** (6.36)				
ca × year			0.074 *** (7.79)			
ca × deg				0.386 *** (13.24)		
ca × fdeg					0.207 *** (8.12)	
ca × mdeg						0.245 *** (9.60)
wage	1.380 *** (5.54)	1.316 *** (5.29)	1.403 *** (5.55)	1.356 *** (5.44)	1.214 *** (4.70)	1.210 *** (4.73)
wagesq	−0.499 *** (−12.13)	−0.487 *** (−11.85)	−0.502 *** (−12.04)	−0.493 *** (−11.94)	−0.471 *** (−11.04)	−0.465 *** (−10.99)
hp	1.874 *** (7.84)	1.853 *** (7.75)	1.876 *** (7.76)	1.830 *** (7.63)	1.891 *** (7.62)	1.818 *** (7.38)

续表

变量	(15) clogit	(16) clogit	(17) clogit	(18) clogit	(19) clogit	(20) clogit
	choice	choice	choice	choice	choice	choice
pop	−0.028 **	−0.030 ***	−0.031 ***	−0.032 ***	−0.033 ***	−0.031 ***
	(−2.54)	(−2.66)	(−2.70)	(−2.84)	(−2.81)	(−2.65)
fi	−1.387 ***	−1.395 ***	−1.396 ***	−1.404 ***	−1.368 ***	−1.394 ***
	(−5.25)	(−5.28)	(−5.22)	(−5.33)	(−4.98)	(−5.13)
is	−2.681 ***	−2.688 ***	−2.701 ***	−2.689 ***	−2.710 ***	−2.589 ***
	(−4.61)	(−4.62)	(−4.59)	(−4.61)	(−4.48)	(−4.31)
ur	4.834 ***	4.736 ***	4.882 ***	4.457 ***	4.966 ***	4.662 ***
	(5.19)	(5.09)	(5.19)	(4.78)	(5.06)	(4.82)
ts	2.733 ***	2.728 ***	2.736 ***	2.735 ***	2.758 ***	2.739 ***
	(37.78)	(37.56)	(37.33)	(37.47)	(36.97)	(36.87)
juli	−2.689 ***	−2.677 ***	−2.677 ***	−2.681 ***	−2.602 ***	−2.664 ***
	(−31.61)	(−31.56)	(−31.22)	(−31.52)	(−30.07)	(−30.55)
地区固定	控制	控制	控制	控制	控制	控制
chi2	14669.76	14655.81	14329.29	14801.32	13610.04	13886.39
pseudo R^2	0.418	0.418	0.418	0.422	0.417	0.420
N	593950	593950	580475	593775	552300	560175
个体数量	3394	3394	3317	3393	3315	3201
城市数量	175	175	175	175	175	175

注：括号内为 t 值，** 代表 $p < 0.05$，*** 代表 $p < 0.01$。

模型（15）汇报了不同年龄劳动力在流动过程中对消费舒适物水平的异质性反应，交互项系数为 −0.062，且在 p 值为 1% 水平上显著，这表明较年轻劳动力对生活工作环境质量要求较高，更倾向于流入消费舒适物水平高的城市。新生代劳动力，是伴随改革开放进程成长起来的，与老一代劳动力相比，其学历水平更高、生活环境更为优越，工作机会更多，更加追求生活趣味，更喜欢都市生活，更偏好于舒适物水平高的城市。与此同时，在计划生育政策影响下，新生代劳动力大多成长于独生子女家庭，这使得他们更容易获得家庭经济支持，工作不再仅仅为了"挣钱"。虽然消费舒适物会资本化为房价，高消费舒适物水平意味着高房价，但依然难以阻止新一代劳动力流向消费舒适物水平高的城市。

模型（16）汇报了不同劳动技能劳动力在流动过程中对城市消费舒适物水平的异质性反应，交互项系数为1.586，且在p值为1%水平上显著，这表明具有较高技能水平的劳动者更偏向于消费舒适水平高的城市。高技能劳动力，具备较高的人力资本，收入水平较高，对生活环境和个人成长要求更高。同时，高技能劳动力，在满足基本物质需要后，其社会尊重需要更为迫切，更愿意借助外在的来展示其社会地位，这也是高技能劳动力追求舒适物的动力所在。比如，在对外交流时，人们往往会因为所居住的城市而给他人以良好的第一印象，更容易让他人接受和认可。

模型（17）汇报了不同流动年份的劳动者对消费舒适物水平的异质性反应，交互项系数为0.074，且在p值为1%水平上显著，这表明流动年份较近的劳动者更偏向于消费舒适物水平高的城市。人们对工作生活环境及质量的追求是一个渐进的过程，而随着经济社会发展，国民整体收入水平提升，收入来源趋于多元化，人们从"经济流动"逐渐转向"消费流动"。在改革开放初期，"农民工"是时代缩影，人们从农村涌向城市，从农业转向工商业，追求获得更好的就业机会，以及更高的经济回报。近年来，我国工业化城市化发展到一定阶段，人口红利已逐步释放，城镇常住人口跨区域流动成为新的趋势。截至2019年底，我国城镇常住人口占比已超过60%。与此同时，"城市让生活更美好"，城市是未来人们生活的主要空间，美好生活是城市发展的方向，"生活更美好"将激励劳动力流向高消费舒适物水平的城市。

模型（18）汇报不同文化水平劳动者对消费舒适物水平的异质性反应，交互项系数为0.386，且在p值为1%水平上显著，这表明文化水平高的劳动者更倾向于消费舒适物水平高的城市。由于消费舒适水平高的城市的高校数量也很高，为了避免双向因果关系的影响，分别使用父亲文化水平、母亲文化水平作为工具变量，见模型（19）、模型（20），回归结果与回归模型（18）具有较好的一致性。

总之，较高技能水平、文化水平的劳动力更偏好于消费舒适物水平高的城市，佐证了假设"高素质劳动力流入决策更易受到消费舒适物的影响，而较年轻劳动力、最近流动劳动力对消费舒适物更为敏感"，说明随着时代的发展，消费舒适物对劳动力流动的作用也越来越重要，城市越来越成为承载美好生活梦想的地方。

5.6　本　章　小　结

本章节从宏微观视角考察城市消费舒适物对劳动力流向的影响，得到以下主要结论：第一，通过各种稳健性检验之后，消费舒适物对劳动力跨城市流入倾向具有显著的正向作用，也即劳动力更倾向于流入消费舒适物水平高的城市。在模型构建中，本书充分考虑了城市工资、城市房价、城市失业率等方面可能对劳动力流动决策带来的影响，结果显示城市消费舒适物对劳动力流入作用较为稳健。房价的回归系数显著为正，这也是舒适物作用力的一个侧面反映，因为消费舒适物资本化到城市房价之上，虽然房价也受到土地政策的影响，但一般而言消费舒适物水平和房价具有内在的一致性。由第3章城市消费舒适物水平空间格局分析可知，沿海城市、高行政级别城市消费舒适物水平较高，由于这种差异的客观存在，这使得流入内地、地级市的劳动力对消费舒适物更为敏感，这可以从经济学中"稀缺"价值来理解。考虑城市异质性影响，可以作为稳健性检验来进一步佐证消费舒适物对劳动力流入的影响，因为考虑了区域间差异以后，这种作用依然显著，一定程度上说明，在区域间舒适物的"力量"均已显现，只是力量大小的问题。

第二，从个体异质性来看，年龄较小、技能水平较高、流动年份较近、文化水平较高的劳动者更倾向于流入消费舒适物水平高的城市。这说明年轻、高素质劳动力对消费舒适物的需求更强烈，更偏向于有更多舒适物（如音乐会、娱乐园、科技馆、小酒馆等）的城市。随着时代变迁，劳动力流动偏好也在不断发生变化。比如，最初农民工群体，将子女留在农村，而外出务工更多的是为了讨生活、为了赚钱，对于他们而言经济收益更为重要。而随着时代发展，城镇化率大幅提升，尤其是在高校扩招这些年来，大学生数量急剧增长，新生代劳动力"城—城"跨区域流动现象凸显。此外，由于家庭结构层面的因素，新生代劳动力容易获得家庭经济支持，他们更加追求自我，更喜欢消费舒适物水平高的城市，因此多种力的作用下，他们向高消费舒适物水平的城市流入。

6

城市消费舒适物、幸福感
与劳动力定居倾向

6.1 引　言

　　幸福是人们永恒的追求，也日渐成为地方发展目标，而幸福感是对生活方方面面感受的综合评价，代表居民对当前生活的满意程度（马晓君等，2019）。效用和幸福感存在一定差异而又密切相关（孙三百等，2014），对流入城市的预期效用是劳动力是否"流进来"决策基础，在当前城市的幸福感是劳动力是否"留得住"决策基础，从这两个层面可以更好地探讨劳动力流动的微观机理。随着经济发展，人的主观感受日益受到重视。当前，许多城市提出建设"幸福城市"，而"幸福城市"如何建设？哪些因素影响居民幸福呢？较为普遍的观点认为收入水平与幸福感正相关（Deaton，2008；官皓；2010）、失业与幸福感负相关（Gruen et al.，2010；Mousteri et al.，2018），此外，不平等（Lei et al.，2017）、生态环境（Welsch，2006）、社会保障（邓大松和杨晶，2019）、城市规模（孙三百等，2014）、公共服务（殷金朋等，2019）等也是幸福感的影响因素。但是，收入对幸福感的影响存在门槛效应，当收入增长到一定水平，收入对提升居民的幸福感作用下降（李清彬和李博，2013），而非收入等软环境因素对幸福感日益重要。

　　萨谬尔森幸福公式认为幸福是效用的函数，而消费舒适物可以通过人力资本增值效应、社会互动效应、健康效应等，促进劳动力效用增加，带动劳动力幸福感提升。接下来，结合宏微观匹配数据，实证分析消费舒适物对劳动力主观幸福感的影响，以期从新的视角考察消费舒适物对劳动力流动的影响。

6.2 理论分析

主观幸福感（subjective well-being）起初是心理学中的重要概念，主要是指人们对其生活质量所做的情感性和认知性的整体评价。经济学家往往重视对微观个体的效用水平，而缺乏对幸福感的关注。著名经济学家萨缪尔森提出的幸福公式，将个体幸福感与效用水平之间的关联进行了函数形式表达。作为一个消费舒适物系统，城市舒适物有助于发挥消费舒适物的正外部性，增加当地居民效用水平，进而提升居民主观幸福感。直观而言，追求幸福是人所有活动的基础，幸福感与乐观的心态和健康的身体密不可分，健康水平对主观幸福感有显著正向影响（陆方文等，2017）。人的幸福与快乐有其特定的根源，城市的功能是把人们集聚在舒适物面前，以最经济的方式使人们幸福（马凌，2015）。从经济学角度来看，效用与幸福感存在差异但紧密相关，一定程度上可以认为在控制健康水平等因素后，劳动力效用的增加会带来幸福感的增加。城市消费舒适物促进主观幸福感的具体路径为：第一，消费舒适物引致的人力资本增值效应。最为典型的是城市内的高质量教育资源，促进劳动者人力资本增值，从而在劳动市场上更加具有竞争力，获得更高收入，降低失业率，进而提升劳动者主观幸福感（黄嘉文，2013）。第二，消费舒适物引致的社会互动效应。包容的文化环境，可以增强社会互动，降低社会剥夺感，有助于人们身心健康。文化教育的外部性，可以让劳动者保持良好的情绪和健康的心态，提升其幸福感知能力。第三，消费舒适物引致的健康效应。优美的自然环境、较好的医疗条件，有利于提升劳动者健康水平。已有医学研究证明环境污染会对人体健康产生一系列影响，比如呼吸疾病、心血管疾病等概率增加（张艳萍等，2008）。此外，也有研究表明，环境是影响个体精神状态和幸福感的重要维度，减轻环境污染有利于提高居民的主观幸福感（Welsc，2006；黄永明，2013）。

假设3：城市消费舒适物对劳动力幸福感具有正向影响。

城市消费舒适物对主观幸福感作用存在个体差异性。一方面，劳动者处于不同处境状态下，对消费舒适物感知存在差异。其中，城市房价以及住房所有权性质是影响城市居民幸福感的重要因素。基于中国自古以来深重的置业观念，拥有住房的房产者的幸福感要高于租房者，城市房价上涨会显著降低租房者幸福感，但对有房者尤其是对多房者的幸福感具有正向效应（林江等，2012；孙伟增和郑思齐，2013）。对于一般劳动力而言，经济压力往往是其他压力的影响源（如家庭压力、社会压力、工作压力等）。比如，经济压力能够显著影响到青年人婚姻[①]等。处于压力状态下，劳动力情绪不稳定，容易出现精神紧张状态，对舒适物的感知能力较差。另一方面，由于消费舒适物摄取存在不公平性（王宁，2010），当参照其他人，会因自身未公平地享有消费舒适物，而产生强烈的相对剥夺感（Runciman，1966），并对其幸福感产生消极影响（Bertram-Hümmer et al.，2015；Haining et al.，2017）。比如，虽然仅仅隔了一条街道，是不是学区房所享有的教育资源存在巨大差异，这种将优质教育附加到住房之上，造成公共资源的摄取不平等。

假设4：城市消费舒适物对劳动力幸福感的影响具有个体异质性，其中经济压力较小的劳动力对消费舒适物的幸福感知更强。

6.3 研究设计

6.3.1 模型构建

实证策略上，本书结合宏微观数据考察城市消费舒适物对劳动者幸福感的影响。基于理论分析，构建基础模型见下式。

$$happy_{ij} = c' \times ca_i + \sum_{i=1} \gamma_i X_i + \sum_{i=1} \lambda_{ij} Y_{ij} + \varepsilon_{ij}$$

其中，$happy_{ij}$ 为 i 城市 j 个体的主观幸福感，ca_i 为城市消费舒适物水平，X_i 为城市层面控制变量，Y_{ij} 为个体层面控制变量，c'、γ、λ 为待估计参数，ε_{ij} 为残差项。

6.3.2 数据说明与描述性分析

本书所采用的个人层面数据来自中山大学社会科学调查中心的中国劳

---

① 宁迪．经济压力影响青年人婚姻［EB/OL］．http：//zqb. cyol. com/html/2015 – 06/04/ nw. D110000zgqnb_20150604_5 –06. htm.

动力动态调查 2014（CLDS2014），是继"2012 年中国劳动力动态调查"后的第一次跟踪调查。CLDS 聚焦于中国劳动力的现状与变迁，内容涵盖迁移、健康等多个研究议题，样本覆盖了中国 29 个省区市，调查对象为样本家庭户中的 15～64 岁劳动力，是一项跨学科的大型追踪调查。本书使用目前公布的数据包含 2014 年家庭调查数据、2014 年个体调查数。基于研究问题需要，本书在合并家庭调查数据和个体调查数的基础上，进一步与城市层面变量相匹配。因为本书关注的是劳动力幸福感，删除了核心变量缺失的样本，并对家庭收入、个人收入等进行缩尾处理，以减少可能出现的异常值。需要说明的是，上一章节研究劳动力流入使用的是近期存在跨区域流动行为样本的劳动力微观数据，而本节研究劳动力主观幸福感使用的是包含近期流动和未流动样本的劳动力微观数据，以更好地反映当地整体劳动力幸福感。

被解释变量。CLDS 问卷中"总的来说，您认为您的生活过得是否幸福?"，分为非常不幸福到非常幸福 5 个等级选项。本书据此来设置幸福感为 1～5 有序变量，数越大说明幸福感越强烈。此外，在问卷中，幸福感还设置另外两个子问题，包括生活满意度、经济满意度，与幸福感紧密相关，并将之作为幸福感备选替代变量。

核心解释变量。城市消费舒适物水平作为解释变量，其含义及说明同上文一致，不再赘述。

微观层面控制变量。①健康状况。本书选择的是主观健康水平，相对于客观指标，能够兼顾身体健康和精神健康两个层面状况。CLDS 问卷中"您认为自己现在的健康状况如何"，分为非常健康到非常不健康 5 个等级选项。本书为了分析更符合思维习惯，对原有选项做逆序处理，设置健康状况为 1～5 有序变量，数越大说明健康状况越好。②相对收入。房价收入比是常用的衡量城市房价是否合理的指标，也可以反映出城市居民平均收入压力状况。而本书使用个人收入，构建相对收入水平（＝个人收入/所在城市房价），来反映个体收入压力情况，也即相对收入水平越高，个人收入压力越小。③异地流动。本书根据户口所在城市与现所在城市是否一致来判断是否为异地流动，设置异地流动为 1，否为 0。④家庭规模。根据 CLDS 问卷中"家庭人口数量（同住成员）"，设定家庭人口数量。此外，还包括性别、年龄、技能水平、文化水平等，具体设置见上章，在此不做赘述，具体见表 6-1。

表 6 - 1　　　　　　　　　　　变量描述性统计

名称	变量	单位	*count*	*mean*	*sd*	*min*	*max*
幸福感	*happy*	—	12269	3.71	0.89	1.00	5.00
生活满意度	*happy_l*	—	12269	3.63	0.91	1.00	5.00
经济满意度	*happy_e*	—	12269	3.22	1.01	1.00	5.00
消费舒适物水平	*ca*	—	12269	0.22	0.15	0.05	0.68
健康指数	*healthy*	—	12269	3.77	0.92	1.00	5.00
相对收入	*rincome*	—	12269	0.29	0.33	0.00	4.14
拥有住房	*house*	—	12269	0.82	0.38	0.00	1.00
异地流动	*flpop*	—	12269	0.15	0.35	0.00	1.00
城市规模	*pop*	百万人	12269	5.47	2.77	0.98	12.44
城市工资	*wage*	万元/年	12269	2.35	0.71	1.35	4.72
城市失业率	*ur*	—	12269	0.90	0.23	0.17	1.00
性别	*sex*	—	12269	0.55	0.50	0.00	1.00
年龄	*age*	年	12269	43.19	11.45	15.00	64.00
技能水平	*skill*	—	12269	0.16	0.36	0.00	1.00
学历	*degree*	年	12247	9.07	4.15	0.00	22.00
家庭规模	*fnum*	人	12269	3.47	1.57	1.00	16.00

城市层面控制变量。①城市规模。已有研究对城市规模与幸福感之间关系认识存在争议，比如孙三百等（2014）认为人口规模与幸福感呈 U 型关系，而覃一冬等（2014）认为城市规模扩大对幸福感具有负向影响。②城市工资。城市工资水平与居民个体收入存在一定关联，可能会对居民幸福感产生影响，因而将之作为重要影响因素予以控制。③城市失业率。一般而言，失业与较低的幸福感相关（Gruen et al.，2010；Mousteri et al.，2018），因而，失业率高可能导致更低的幸福感，具体见表 6 - 1。

6.3.3　多重共线性检验

方差膨胀因子（VIF）是检验变量多重共线性的常用方法，本书使用 VIF 对回归变量进行检验，见表 6 - 2。从表 6 - 2 可以看出，变量中最大的 VIF 值为 6.67，均值为 2.09，都小于 10。因此，结合方差膨胀因子 VIF 的分析结果，一定程度上可以不用担心变量间存在多重共线性（陈强，2014）。

表 6 – 2   膨胀因子分析

	ca	wage	flpop	pop	house	age
VIF	6. 67	5. 97	1. 68	1. 52	1. 32	1. 25
1/VIF	0. 150	0. 167	0. 594	0. 657	0. 758	0. 800
	ur	healthy	rincome	skill	fnum	sex
VIF	1. 17	1. 12	1. 12	1. 10	1. 09	1. 04
1/VIF	0. 857	0. 894	0. 896	0. 910	0. 920	0. 958

注：平方项、地区固定效应没有加入进行的检验。

6.4　城市消费舒适物对劳动力幸福感的影响

6.4.1　基准回归

由于存在同一省份内不随城市而变化，却又无法观测到的经济、自然环境因素等会影响到劳动力幸福感（孙三百等，2014），本书通过加入省份固定效应，尽可能减少遗漏变量的误差。此外，在使用有序 Logit 估计中尽可能地控制城市相关变量、固定效应以及个人家庭特征（见表 6 – 3）。在模型（1）中仅加入核心解释变量和控制省份固定效应，结果显示城市消费舒适物的系数在 1% 水平显著为正，表明消费舒适物对劳动力幸福感有正向影响。根据概率比（odds ratio）转换公式 exp（0.628）得到值为 1.874，可以解释为消费舒适物水平提高一个单位，劳动力幸福概率比会增加 87.4%。在模型（2）加入几个影响幸福感的重要变量，比如相对收入、拥有产权住房、异地流动等变量。在模型（3）中进一步加入影响幸福感的城市层面变量，比如城市规模、城市工资、城市失业率等变量。在模型（4）中进一步加入影响幸福感的个体家庭层面变量，比如性别、年龄、技能水平、家庭规模等变量，从结果来看，核心解释变量的系数与之前结果基本一致。模型（5）是对模型（4）所有解释变量和控制变量进行标准化处理后的回归，为了便于解读回归结果，本书以模型（5）为例进行说明。在控制了省份固定效应、城市层面、个人家庭层面等因素后，消费舒适物水平系数为 0.168，根据概率比（odds ratio）转换公式 exp（0.168）得到值为 1.183，也即消费舒适物水平提高一个标准差，劳动力幸福概率比将增加 0.183 倍。具体来看，相对收入系数为 0.160，根据概率比转换公式 exp（0.160）得到值为 1.174，也即相对收入提高一个标准差，劳动力幸福概率比将增加 0.174 倍。

表 6 - 3 　　　　　　　　　　　　基准回归

变量	（1）ologit	（2）ologit	（3）ologit	（4）ologit	（5）ologit
	happy	*happy*	*happy*	*happy*	*happy*
ca	0.628 ***	0.702 ***	1.198 ***	1.133 ***	0.168 ***
	(3.80)	(4.03)	(2.93)	(2.75)	(2.75)
rincome		0.445 ***	0.447 ***	0.485 ***	0.160 ***
		(8.16)	(8.15)	(8.43)	(8.43)
healthy		0.466 ***	0.468 ***	0.491 ***	0.452 ***
		(21.90)	(21.91)	(22.18)	(22.18)
house		0.158 ***	0.161 ***	0.129 **	0.129 **
		(2.95)	(2.98)	(2.38)	(2.38)
flpop		-0.107	-0.123	-0.053	-0.053
		(-1.44)	(-1.64)	(-0.70)	(-0.70)
pop			-0.023 *	-0.022 *	-0.061 *
			(-1.89)	(-1.84)	(-1.84)
wage			-0.149	-0.112	-0.080
			(-0.60)	(-0.45)	(-0.45)
wagesq			0.011	0.005	0.005
			(0.24)	(0.12)	(0.12)
ur			-0.899 **	-0.969 ***	-0.218 ***
			(-2.41)	(-2.60)	(-2.60)
sex				-0.192 ***	-0.192 ***
				(-5.57)	(-5.57)

续表

变量	(1) ologit	(2) ologit	(3) ologit	(4) ologit	(5) ologit
	happy	*happy*	*happy*	*happy*	*happy*
age				-0.028 *** (-2.58)	-0.323 *** (-2.58)
agesq				0.000 *** (3.39)	0.000 *** (3.39)
skill				0.339 *** (6.74)	0.339 *** (6.74)
fnum				0.038 *** (3.38)	0.060 *** (3.38)
地区固定	控制	控制	控制	控制	控制
N	12269	12269	12269	12269	12269
pseudo R^2	0.018	0.041	0.041	0.044	0.044
chi2	520.112	1130.061	1136.281	1231.392	1231.392

注：括号内为 z 统计量；* 代表 p<0.1，** 代表 p<0.05，*** 代表 p<0.01；切点估计值未报告。

此外，健康水平系数为 0.452，根据概率比转换公式 exp（0.452）得到值为 1.572，也即相对收入提高一个标准差，劳动力幸福概率比将增加 0.572 倍。拥有产权住房的系数为 0.129，根据概率比转换公式 exp（0.129）得到值为 1.138，也即有住房的劳动力幸福概率比是无住房的 1.138 倍。异地流动的系数不显著，说明在控制住其他因素后，是否异地流动对劳动力幸福感影响无明显差异。城市规模的系数为 -0.061，根据概率比转换公式 exp（-0.061）得到值为 0.941，也即城市规模提高一个标准差，劳动力幸福概率比会降低 0.059 倍。城市工资的系数不显著，说明控制了其他因素后，城市工资对劳动力幸福感无明显影响。城市失业率的系数为 -0.218，根据概率比转换公式 exp（-0.218）得到值为 0.804，也即城市失业率提高一个标准差，劳动力幸福概率比会降低 0.196 倍。性别的系数为 -0.192，根据概率比转换公式 exp（-0.192）得到值为 0.825，男性劳动力幸福概率比是女性的 0.825 倍。年龄的一次方系数显著为负，年龄的二次方系数显著为正，说明年龄与幸福感呈 U 型关系。技能水平的系数为 0.339，根据概率比转换公式 exp（0.339）得到值为 1.404，也即高技能水平劳动力幸福概率比是低技能水平的 1.404 倍。家庭规模系数为 0.060，根据概率比转换公式 exp（0.060）得到值为 1.062，也即家庭规模提高一个标准差，劳动力幸福概率比将增加 0.062 倍。总之，相关变量回归结果与已有研究结论基本吻合，一定程度上说明模型设置较为合理。

6.4.2 稳健性检验

（1）选择幸福感替代变量

在问卷中，幸福感还设置另外两个子问题，包括生活满意度、经济满意度，都与幸福感紧密相关。为了尽可能减小幸福感的测量误差，表 6-4 模型（6）用生活满意度替代幸福感，模型（7）用经济满意度替代幸福感，回归结果显示，消费舒适物水平的回归系数分别为 0.846 和 1.439，分别在 p 值为 5% 和 1% 水平上显著，并与表 6-3 模型（4）结果基本一致。

表 6-4 稳健性检验

变量	（6）ologit	（7）ologit	（8）oprobit	（9）ols	（10）ologit	（11）ologit
	happy_l	happy_e	happy	happy	happy	happy
ca	0.846 **	1.439 ***	0.724 ***	0.572 ***	1.235 ***	0.892 **
	（2.07）	（3.47）	（3.02）	（3.03）	（2.73）	（2.14）
rincome	0.570 ***	0.883 ***	0.279 ***	0.220 ***	0.446 ***	0.464 ***
	（10.05）	（15.20）	（8.29）	（8.51）	（7.44）	（8.05）
healthy	0.514 ***	0.540 ***	0.273 ***	0.214 ***	0.491 ***	0.488 ***
	（23.32）	（24.49）	（21.83）	（22.09）	（19.87）	（22.00）
house	0.265 ***	0.332 ***	0.069 **	0.055 **	0.115 **	0.136 **
	（4.95）	（6.39）	（2.23）	（2.25）	（2.00）	（2.50）
flpop	−0.066	−0.239 ***	−0.040	−0.036	−0.075	−0.027
	（−0.89）	（−3.43）	（−0.92）	（−1.05）	（−0.93）	（−0.36）
pop	−0.027 **	−0.019	−0.013 *	−0.010 *	−0.035 ***	−0.022 *
	（−2.23）	（−1.59）	（−1.93）	（−1.89）	（−2.64）	（−1.82）
wage	−0.222	0.576 **	−0.074	−0.047	−0.040	−0.208
	（−0.90）	（2.30）	（−0.52）	（−0.41）	（−0.15）	（−0.83）

续表

变量	(6) ologit	(7) ologit	(8) oprobit	(9) ols	(10) ologit	(11) ologit
	happy_l	happy_e	happy	happy	happy	happy
wagesq	0.043	−0.111 **	0.002	−0.001	−0.010	0.030
	(0.97)	(−2.53)	(0.07)	(−0.03)	(−0.20)	(0.67)
ur	−0.433	−0.554	−0.548 **	−0.456 ***	−1.011 **	−0.999 ***
	(−1.12)	(−1.28)	(−2.49)	(−2.60)	(−2.45)	(−2.68)
sex	−0.197 ***	−0.259 ***	−0.116 ***	−0.091 ***	−0.184 ***	−0.192 ***
	(−5.71)	(−7.61)	(−5.82)	(−5.83)	(−4.88)	(−5.55)
age	−0.036 ***	−0.085 ***	−0.016 **	−0.013 **	−0.023 *	−0.030 ***
	(−3.34)	(−8.09)	(−2.52)	(−2.55)	(−1.86)	(−2.78)
agesq	0.001 ***	0.001 ***	0.000 ***	0.000 ***	0.000 ***	0.000 ***
	(4.93)	(9.84)	(3.28)	(3.32)	(2.68)	(3.61)
skill	0.255 ***	0.064	0.190 ***	0.144 ***	0.328 ***	0.307 ***
	(4.94)	(1.29)	(6.49)	(6.46)	(6.20)	(6.03)
fnum	0.017	0.002	0.024 ***	0.018 ***	0.045 ***	0.042 ***
	(1.48)	(0.19)	(3.68)	(3.60)	(3.68)	(3.73)
hktype						0.179 ***
						(3.68)
地区固定	控制	控制	控制	控制	控制	控制
_cons				3.464 ***		
				(13.96)		
N	12269	12269	12269	12269	10456	12269
R^2				0.101		
pseudo R^2	0.045	0.055	0.042		0.043	0.045
chi2	1303.505	1778.779	1204.581		1013.653	1242.506
F				33.048		

注：模型（9）括号内为 t 统计量，其他模型括号内为 z 统计量；* 代表 $p<0.1$，** 代表 $p<0.05$，*** 代表 $p<0.01$；切点估计值未报告。

（2）选择替代计量模型

为了避免模型选择带来的偏误，本书进一步使用有序 probit（oprobit）

和最小二乘法（OLS）进行回归检验。模型（8）选择 oprobit，模型（9）选择 OLS，结果显示，消费舒适物水平的系数分别为 0.724 和 0.572，略小于表 6-3 模型（4）中的系数，但均在 p 值为 1% 水平上显著，其他关键变量结果基本一致。因而，更换模型后估计结果未发生明显的变化，这说明模型选择偏误较弱，一定程度上可以认为估计结果较为稳健。

（3）剔除可能异常样本检验

为了保证研究的样本选择合理性和结论的可靠性，需要剔除一些异常样本。本书幸福感研究更关注于正常工作生活的劳动力群体，而 CLDS 问卷调查中有部分样本无工作，有部分样本收入远低于正常水平，因此为了尽可能保证结果稳健性，需要对矫正后的样本进行分析。本书删除无工作样本和收入低于社会基本保障水平（粗略设定为 3000 元/年）的共计 18133 个样本，模型（10）显示，消费舒适物水平的系数为 1.235，略大于表 6-3 模型（4），其他估计结果与模型（4）基本一致。也就是说，当剔除可能的异常样本之后，消费舒适物对劳动力幸福感依旧有显著正向影响，进一步验证了结论的合理性。

（4）增加控制变量

城市政策趋向不再区分户口类型，一些公共服务的摄取权更多与住房挂钩，比如"学区房"等。而且由于农村户口价值增加，城镇常住人口中有相当比例不愿意放弃农村户口，户口因素对人们生活的影响力逐步变弱，因此上文模型中未控制户口类型因素。但考虑到户口因素可能会对个人心理感受带来影响，进而作用于主观幸福感，因而本书根据 CLDS 问卷中"您目前的户口性质是？"，将城镇户口设定为 1，农村户口设定为 0，并剔除其他户口类型样本。在表 6-3 模型（4）中加入户口类型变量，由表 6-4 模型（11）显示，户口类型系数显著为正，消费舒适物水平的系数有所下降，但依然在 p 值为 5% 水平上显著，其他变量亦未发生较明显变化，说明模型估计具有较好稳健性。

6.5 城市消费舒适物对劳动力幸福感的个体异质性影响

劳动力处于不同压力状态下，对消费舒适物的感受有差异。压力具有很多种，劳动力一般遇到的更多的经济压力，经济压力也往往是产生其他压力（工作压力、精神压力等）的重要根源。第一，考察是否拥有住房产权带来的异质性影响。已有研究认为，拥有住房产权对居民幸福感至关重要，尤其是我国当下大城市房价高企，拥有住房产权意味着能够分享经济发展带来的财富增值，没有住房产权则意味着要承受更高的购房压力。为了实证检验拥有住房产权对劳动力消费舒适物幸福感知的影响，本书在表6-3基准模型（4）基础上加入消费舒适物水平与拥有住房产权的交互项。由表6-5模型（12）观察到，拥有住房产权的交互项系数为0.630，且在p值为5%水平上显著，说明拥有住房产权的劳动力在消费舒适物水平高的城市更幸福。拥有住房产权意味着能够享有当地的公共服务等资源，也能够受益房价上涨带来增值，进而有"闲情"和"余力"去体验城市的自然文化风光。

表6-5　　　　　　　　　　　个体异质性回归

变量	（12）ologit	（13）ologit
	happy	happy
ca	0.597 (1.23)	0.608 (1.42)
ca × house	0.630** (2.14)	
ca × rincome		2.048*** (4.32)
rincome	0.482*** (8.38)	0.150 (1.54)
healthy	0.491*** (22.18)	0.492*** (22.21)
house	−0.028 (−0.30)	0.122** (2.24)
flpop	−0.034 (−0.45)	−0.061 (−0.80)
pop	−0.023* (−1.91)	−0.024** (−1.98)

续表

变量	(12) ologit	(13) ologit
	happy	*happy*
wage	−0.240	−0.320
	(−0.94)	(−1.27)
wagesq	0.033	0.047
	(0.72)	(1.04)
ur	−0.975***	−1.012***
	(−2.61)	(−2.71)
sex	−0.192***	−0.194***
	(−5.56)	(−5.63)
age	−0.030***	−0.030***
	(−2.70)	(−2.72)
agesq	0.000***	0.000***
	(3.51)	(3.52)
skill	0.336***	0.330***
	(6.68)	(6.56)
fnum	0.038***	0.039***
	(3.35)	(3.46)
地区固定	控制	控制
N	12269	12269
pseudo R²	0.044	0.045
chi2	1238.402	1248.829

注：模型括号内为 z 统计量；* 代表 $p < 0.1$，** 代表 $p < 0.05$，*** 代表 $p < 0.01$；切点估计值未报告。为减少共线性，生成交互项之前已做中心化处理。

　　第二，考察收入压力带来的异质性影响。已有研究关注个体收入对幸福感的影响，一般认为个人收入越高幸福感越强，此外，越来越多的研究认为相对收入才对幸福感产生影响，因为参考点是决定幸福的关键。本书构建的相对收入指数（个人收入/所在城市房价），既能反映出相对收入水平，又可以反映出实际收入压力。因此，本书通过相对收入指数来考察收入压力，在表 6 - 3 基准模型（4）基础上加入消费舒适物与相对收入指数的交互项。由表6-5模型（13）观察到，相对收入指数的交互项系数为2.048，且在p值为1%水平上显著为正，说明收入压力越小的劳动力在消费舒适物水平高的城市更幸福。只有收入压力小的情况下，才能更好地融入城市，感受到消费资源带来的价值，享受城市的美好生活。

在消费舒适物作用于主观幸福感过程中，是否拥有住房产权以及收入压力情况发挥了显著调节作用，一方面说明处于不同经济压力状态下的劳动力对消费舒适物的幸福感知能力有差异，比如人们处于焦虑的精神状态下，难以用正常的心态看待人和事，很难体会到舒适物的"美"。另一方面也说明可能存在舒适物摄取不公平的现象，即没有产权房在城市中难以享有同等的权利，没有足够的经济支撑也难以享有同等消费机会。比如虽然城市中有优质的教育资源，但因为无学区房而被拒之门外；虽然城市中有高档餐厅、有明星演唱会，但因为无足够的闲余资金而"有缘无分"。

6.6 本章小结

本章节基于宏微观匹配数据，考察城市消费舒适物对劳动力幸福感的影响。以往幸福感层面的研究更倾向于从个体及家庭层面寻找人们不幸福或幸福的"密码"，但这种研究难以从政策方面给予理论指导和启示，而本书尝试研究城市层面因素对劳动力主观幸福感的影响，一方面是为了探讨从政府角度能为增加主观幸福感做些什么，另一方面是深入分析城市消费舒适物如何作用于劳动力流动，即如何让劳动力更好地"留得住"，在当地幸福快乐的工作生活。主要研究结论如下。

第一，通过各种稳健性检验之后，认为城市消费舒适物对劳动力幸福感具有正向影响，也即劳动力在消费舒适物水平高的城市更幸福。这个结论与原假设一致，一定程度上回应了"幸福城市"建设的话题。消费舒适物对劳动力幸福作用是一种潜移默化的过程，生活在优美的环境中，人们的精神及情绪状态得以改善；在包容和谐的社会文化环境中，人们会减少焦虑感，而以正常的心态、饱满的热情投入自己工作生活中去。从城市层面看，要增强人民幸福感，需要坚持"绿水青山就是金山银山"理念，加强环境治理和人居工程建设，为居民提供更多优质的消费舒适物。进一步提升城市治理能力，通过规划和科技手段解决"城市拥挤"问题，探索城市污染治理的新路径，让低碳绿色发展成为城市发展的主要方式。此外，健康是幸福的基础，加大对健康医疗方面的投入，开展心理健康咨询教育活动，营造包容舒适的社会文化环境，增强居民身心健康水平。

第二，经济压力在城市消费舒适物对劳动力幸福感传导过程中发挥着调节作用，具体表现为，拥有住房产权的劳动力对消费舒适物的幸福感知更强，收入压力小的劳动力在消费舒适物水平高的城市更幸福。比如，无住房产权的劳动力，因未能同等地获得城市消费资源，产生相对剥夺感，进而对幸福感产生负面影响（Haining et al.，2017）。进入新时代，居民需要内涵日益丰富，人们对更加宽裕、殷实的幸福安康生活的期待更为迫切，对共享改革发展成果的意愿更强烈（王裕国，2018）。由于个体层面经济方面的差异，导致劳动力对消费舒适物的摄取能力上存在差别，进而影响到劳动者幸福。消费舒适物摄取的不公平性，是城市居民不幸福感产生的一个重要根源，是社会公平缺失的一个维度，也是当下"租住同权"提出的大背景。此外，公租房建设也在一定程度上缓解社会消费资源分配不公的问题，但在优质稀缺资源配置上依然困难较多，这也是未来城市治理需要关注的。

7

消费舒适物、人才流动、产业结构升级与城市发展

7.1 引　言

在全球化背景下，资金、技术、劳动力、消费者等资源流动性增强，而对这些资源的吸引能力一定程度上决定了城市竞争力。随着知识经济社会到来，经济发展越来越依赖高新科技和创意产业的发展，人才特别是创意人才对经济发展的作用越来越大，而人才的偏好发生了改变，从传统工业生产角度解释城市发展的理论已经不能满足现实需要。

产业结构升级是供给侧结构性改革的核心内容，也是经济高质量发展的关键所在。已有研究从多个角度探讨驱动产业结构升级的动因，比如财税等产业政策（张同斌和高铁梅，2012；韩永辉等，2017），金融、贸易等市场因素（Bing and Lijing，2012；易信和刘凤良，2015），环境规制（原毅军和谢荣辉，2014），集聚经济（于斌斌，2017）、人力资本（汪伟等，2015；苏杭等，2017）、消费升级（杨天宇和陈明玉，2018）等，现有文献更多的从生产角度研究产业结构升级，而忽略从事产业活动的人的需求，导致对城市间产业结构升级差异的解释力不足（王宁，2014）。虽然现在越来越多城市重视产业结构升级，产业园区几乎是每个城市的必备，并不断加码吸引高科技企业和人才的优惠政策，但是城市间高科技产业发展水平的差异仍然很大。由于城市之间"招商引才"的激烈竞争，优惠政策逐步趋同，有的地方虽然具有相对优惠的政策，但依然招不到需要的人才。劳动力既是生产要素，又是消费者，随着收入水平提高，更加关

注生活质量。尤其是高素质劳动力，流动动因更加多元，对消费舒适物更为偏好，这也是一些地方虽然给予较高的物质待遇，依然难以吸引到人才的原因。因而，需要从消费者视角考察消费舒适物对产业结构升级的影响路径。

7.2 理论分析

城市消费舒适物作为一种消费型资本，有助于增强吸引外来资源的竞争优势，进而促进本地经济发展，这也是消费品正外部性的一个体现。城市消费舒适物对产业结构升级的具体影响路径体现如下。

第一，消费舒适物引致的人才集聚效应。人才对地方质量有更高要求（Florida，2002），并"用脚投票"的方式在城市之间进行选择（Tiebout，1956）。青年高学历群体已从物质主义中解脱出来，在城市的选择流动过程中不再唯一关注工作、收入等物质经济因素，考虑更多的是城市的环境质量、开放度、包容性、休闲娱乐活动等非物质因素（吴志明和马秀莲，2015）。对高素质及高技能的劳动者而言，城市是学习机器，也是娱乐机器，是休闲娱乐、体验生活、追求梦想的地方。城市剧院、体育馆、公园、咖啡馆、马拉松赛事等是新时代年轻高素质劳动者关注的消费舒适物，而消费舒适物水平越高的城市越能吸引他们流入。同时，文化教育等舒适物具有培育人才的功能，为城市提供更多创新人才（李健和徐丽娜，2000；陈林心，2020）。充满活力的文化氛围，对于保留本地人才，培育新人才和吸引外来人才具有重要作用（Tripathy et al.，2007）。人力资本积累及其结构提升是助推产业结构升级的重要因素（张国强等，2011）。由于高端劳动力流动性更强，会主动选择资本密集型、技术密集型产业，进而提高技术生产率，推动传统产业升级与新型产业出现，促进产业结构升级。此外，我国产业结构正在快速升级，对劳动者的人力资本水平提出更高需求（高文书和谢倩芸，2017）。城市消费舒适物水平越高，高端劳动力越集聚，人力资本越充足，产业创新发展的基础越扎实。

第二，消费舒适物引致的高新技术企业集聚效应。随着交通成本压缩，高新技术企业更倾向于选址在高舒适物的地方，而不是靠近煤炭、铁矿等自然资源的地方，这是因为人力资本在生产中的作用日益重要（Glaeser and Gottlieb，2006）。高新技术企业选择区位，除了考虑地方优惠政策外，很大程度上更倾向于消费品水平高的地方，如高层次学校、优质医疗资源、发达的交通、多元的文化环境等。更重要的是，这些地方高端人才集聚，而人力资本又是最重要的生产要素之一，反过来吸引高新技术企业在当地入驻，这是当前"工作追逐人才"的原因（Florida and Gates，2002；董福荣和李萍，2009）。此外，市场房价的"过滤器"效应。较高的消费舒适物水平意味着更高的迁入预期收益，引致更多人口集聚，推动房价和房租都会上涨，进而提高了生活成本（Zheng et al.，2016；王先柱，2020）。这时，低技能劳动者因难以获得较高的收入而被"挤出"，劳动密集型企业因难以支付职工高工资而被迫"迁出"（张平和张鹏鹏，2016）。在此过程中，更多高新技术企业因较高的投资回报率而留下，以房价为"过滤器"推动城市产业结构实现升级（高波等，2012；李敏等，2019）。

第三，消费舒适物引致的消费升级效应。消费舒适物可以为城市消费营造良好的消费环境，提升城市消费质量，进而促进周边、国内甚至国外消费者集聚，并以消费升级带动城市产业升级。"消费环境改善了，人们就敢于消费，放心消费，就能扩大消费需求，促进消费结构优化升级，从而促进产业结构优化、升级"（尹世杰，2006）。同时，消费升级可以通过"恩格尔效应"和"鲍莫尔效应"会促进产业结构升级（杨天宇和陈明玉，2018）。一方面，劳动力流入，扩大了当地消费需求，促进了当地消费产业发展；另一方面，高端劳动力需求层次高，更加注重生活品质，从而拉动地方相关产业发展，推动产业结构升级。此外，城市消费舒适物水平差异引致购买力在空间上的重新配置，促进购买力流向消费舒适物水平高的区域，比如购物、旅游、就医、求学等方式，从而促进该地区经济的发展和产业结构转型升级。

假设5：城市消费舒适物对产业结构升级具有正向影响。

假设6：人才集聚在城市消费舒适物对产业结构升级影响中起到中介作用。

从空间关联角度看，周边邻近地区消费舒适物水平提升，有助于当地产业结构升级。一方面，消费舒适物作为准公共品，一定程度上具有非竞争性、非排他性特点。随着高铁技术的推广，区域间交通时间大幅压缩，周边地区交流日益频繁，临近高舒适物水平的地区可以较方便地分享医疗、商业消费等资源，有助于增加当地人才引进的优势。比如，由于一些核心大城市房价高企，而其卫星城市具有地理位置优势，人才"退而求其次"选择居住在卫星城市，这也间接增加了卫星城市发展的人力资本储备。另一方面，得益于知识、人力资本的外溢效应。人力资本具有溢出效应（肖志勇，2010；钱晓烨等，2010），表现为人力资本以知识和技术为载体，对周边地区产业升级提供助力（林春艳等，2017）。比如，由于便捷的交通，核心城市与卫星城市之间共享消费资源，人们既可以去中心城市购买高档消费品，也可以来卫星城市休闲旅游，这无疑增强了两地居民的互动交流。通过技术、知识、创新的外部性，可以让临近高消费舒适物水平的地区较低成本获得先进技术，从而推动本地区产业升级。虽然网络通信技术日益发达，但面对面交流仍是获取知识或技术最有效的方式，由于临近地区交流互动频繁，两地企业之间信息较为对称，能够及时学习和更新生产技术。

假设7：城市消费舒适物对产业结构升级影响具有空间溢出效应。

7.3　研　究　设　计

7.3.1　模型构建

实证策略上，本书结合城市面板数据考察城市消费舒适物对产业结构升级的影响。基于理论分析构建基础模型：

$$TS_{it} = c \times ca_{it} + \beta X_{it} + \varepsilon_{it} \qquad (7-1)$$

其中，TS_{it} 为产业结构升级，ca_{it} 为城市消费舒适物水平，X_{it} 为城市层面控制变量，c 和 β 为待估计参数，ε_{it} 为残差。

借鉴温忠麟等（2004）等，本书采用逐步法来构建中介效应模型。第一步，以产业结构升级为因变量回归，c 为消费舒适物对产业结构升级的总效应，对应式（7-1）；第二步，以人才集聚为因变量，a 为消费舒适物对中介变量人才集聚的效应，对应式（7-2）；第三步，b 为控制了消费舒适物水平的影响之后，中介变量人才集聚对产业结构升级的效应；c' 为控制了中介变量人才集聚之后，消费舒适物水平对产业结构升级的影响，对应式（7-3）。而中介效应就等于间接效应，即等于 $a \times b$。

$$innov_{it} = a \times ca_{it} + \beta X_{it} + \varepsilon_{it} \qquad (7-2)$$

$$TS_{it} = b \times innov_{it} + c' \times ca_{it} + \beta X_{it} + \varepsilon_{it} \qquad (7-3)$$

其中，$innov_{it}$ 为人才集聚，a、b、c' 为待估计参数。

依据埃尔霍斯特（Elhorst，2010）对模型的设定，这里将具有空间交互效应的广义嵌套空间模型形式设为：

$$TS_{it} = \rho \sum_{j=1}^{N} w_{ij} TS_{jt} + \pi \times ca_{it} + \kappa \sum_{j=1}^{N} w_{ij} ca_{jt} + \beta X_{it} + \varphi \sum_{j=1}^{N} w_{ij} X_{jt} + \mu_i + u_{it}$$

$$(7-4)$$

$$u_{it} = \lambda \sum_{j=1}^{N} w_{ij} u_{jt} + \varepsilon_{it}$$

$$(7-5)$$

其中，w_{ij} 是 i 地区与 j 地区之间的空间关系，μ_i 为个体固定效应，u_{it} 为误差项，ρ、π、κ、φ、λ 为待估计参数。当 $\rho \neq 0$、$\varphi = 0$、$\lambda = 0$ 时为空间滞后模型（SAR），当 $\rho = 0$、$\varphi = 0$、$\lambda \neq 0$ 时为空间误差模型（SEM），当 $\rho \neq 0$、$\varphi \neq 0$、$\lambda = 0$ 时为空间杜宾模型（SDM），当 $\rho \neq 0$、$\varphi = 0$、$\lambda \neq 0$ 时为空间一般模型（SAC）。

7.3.2 数据说明与描述性分析

被解释变量。经典理论和世界各国发展实践均表明，产业结构演进一般遵循第一、第二、第三产业的递进式演进规律。从动态视角看，经济体的产业结构变迁包含产业结构合理化、产业结构高级化两个维度（干春晖等，2011）。但就本书所研究内容而言，更侧重于产业结构高级化。由第一产业向第二产业再向第三产业演进是产业结构高级化方向，并以第一产业比重下降为显著特征。在信息化带动下"经济结构服务化"是产业结构升级的主要特征，此过程中第三产业增长率高于第二产业（吴敬琏，2008），因而，第三产业与第二产业之比对于度量产业结构高级化是较为理想的指标（李虹、邹庆，2018）。因此，本书参考干春晖等（2011）、焦勇（2015），构建第三产业与第二产业之比作为产业结构高级化。

解释变量。核心解释变量是城市消费舒适物水平，与上文一致，在此不再做赘述。

控制变量。基于已有文献，影响产业结构转型升级的主要包括：①政策干预程度，以政府财政支出占地区 GDP 比重衡量。市场化指数、国企资产占比、劳动力流动管制、政府支出规模占比等均作为测度政府干预程度的指标得到较广泛应用（赵勇和魏后凯，2015；原毅军和谢荣辉，2014；李虹和邹庆，2018），而本书基于数据的可获得性选用政府财政支出占比指标。一般而言，政府的产业政策对地方产业结构具有较大影响，而产业政策究竟对产业升级是积极影响还是消极影响，促进产业升级是依靠政府还是市场，这个话题在经济学界争论比较激烈。因此，政策干预程度对产业结构升级的影响方向仍不确定，但需要作为控制变量添加在回归中，以避免因遗漏重要变量造成的偏误。②投资规模，以全社会固定资产投资总额来衡量。投资是驱动经济增长的重要因素，固定资产投资短期内经济拉动作用显著，而投资结构优化是产业结构升级的重要保障。然而，市场机制作用下的投资结构未必促进产业结构优化升级（刘竞，2016），因而投资规模对产业结构升级的作用方向尚不能确定，将之作为重要影响因素在回归中加以控制。③房价。房价是产业结构升级重要影响因素，高波等（2012）、张平和张鹏鹏（2016）认为房价升高促进了地方产业结构升级，而刘程和王仁曾（2019）认为房价上涨抑制了地方产业结构升级。因而房价对产业结构升级的作用方向尚不能确定，将之作为重要影响因素在回归中加以控制。④经济发展水平。这里采用人均实际 GDP 衡量经济发展水平。一般认为，随着经济的不断发展，劳动力会从低劳动生产率的农业转移至高劳动生产率的制造业和服务业，地方的经济结构特别是产业结构会由低级向高级转换。

中介变量。一般而言，人才数量是人才集聚的基础，创新能力是人才集聚的结果，因而，本书分别使用创新能力和技术人才数量来指代人才集聚。①创新能力。党的十九大的召开，标志着中国进入了"新时代"，经济由高速增长转向高质量发展，创新力和竞争力成为未来发展的重点。在现实中，创新是一个包括研究、开发、生产、销售多个环节的序贯过程，运用研发（R&D）支出和研发人数等创新投入端指标来度量创新固然有其优势，但很难避免重复计算，以及对投入如何转化为创新力的具体阐释困难。专利并非获取创新收益的唯一方式，许多创新没有或者无法申请专利保护，而是以商业秘密的形式存在。因此，在构建城市创新力指数时，不仅考虑了以专利度量的创新能力，也引入了由新注册企业数量所度量的创业能力①。②技术人才。人才是地区经济发展的重要保障，也是助推产业升级的重要力量。以往对城市人才的界定多使用受教育水平，但基于消费舒适物水平与教育水平之间存在比较强的关联，本书使用信息传输、计算机服务和软件业从业人员数来反映人才集聚。一方面，随着信息化社会的到来，信息网络技术对城市发展越来越重要，信息网络服务业从业人员整体素质比较高，符合人才的内在要求。另一方面，技术人员流动性较强，

---

① 复旦大学产业发展研究中心. 中国城市和产业创新力报告 2017［D］. 上海：第一财经研究院，2017.

相比受教育水平更能反映区域流动特点。

创新能力数据来自《中国城市和产业创新力报告 2017》。其他指标数据主要来自历年《中国城市统计年鉴》和《中国区域经济统计年鉴》，部分数据从各省市统计年鉴及发展统计公报中补充。根据以上分析，本书将282 个城市 2003～2016 年数据整理成面板数据，具体数据情况见表 7-1。

表 7-1　　　　　　　　　　描述性分析

名称	变量	单位	样本量	均值	标准差	最小值	最大值
产业结构升级	TS	—	3948	0.83	0.41	0.09	4.17
消费舒适物水平	ca	—	3948	0.16	0.11	0.03	0.75
政府规模	gov	—	3948	0.15	0.09	0.03	1.10
投资规模	fixd	百亿元	3948	6.91	8.46	0.17	75.25
房价	hp	万元/平方米	3948	0.26	0.19	0.05	1.62
经济水平	pgdp	万元	3948	2.71	2.72	0.29	20.28
创新能力	innov	—	3948	5.12	15.95	0.02	114.78
技术人才	innov_t	万人	3948	0.61	1.29	0.04	10.17

注：为避免数据异常值的影响，对样本数据在 1% 水平上进行缩尾处理。

7.3.3　多重共线性检验

方差膨胀因子（VIF）是检验变量多重共线性的常用方法，本书使用 VIF 对回归变量进行检验，见表 7-2。从表中可以看出，变量中的最大 VIF 值为 5.21，均值为 2.87，都小于 10。因此，结合方差膨胀因子 VIF 的分析结果，一定程度上可以不用担心变量间存在多重共线性（陈强，2014）。

表 7-2　　　　　　　　　　膨胀因子分析

项目	ca	fixd	pgdp	hp	gov	均值
VIF	5.21	2.99	2.67	2.40	1.07	2.87
1/VIF	0.191	0.33	0.37	0.41	0.93	—

7.4 城市消费舒适物对产业结构升级的影响

7.4.1 基准回归

本书首先对回归模型进行选择,常用的回归模型有混合回归模型、固定效应模型与随机效应模型,这里分别通过 F 检验、LM 检验与 Hausman 检验对最优模型进行筛选,根据检验结果选择固定效应模型。虽然通过了 VIF 检验,但为了更好地减少多重共线对回归结果的影响,本书采用逐步回归法展开分析。从表 7 – 3 模型(1)~模型(5)可以看出,城市消费舒适物水平的系数在 p 值为 1% 水平上显著为正,随着逐步加入控制变量,核心变量符号和系数基本未发生明显变化,结果较为稳健。

表 7 – 3 基准回归

变量	(1) ols	(2) ols	(3) ols	(4) ols	(5) ols	(6) ols
	TS	TS	TS	TS	TS	z_TS
ca	1.376 *** (11.08)	1.359 *** (10.68)	1.423 *** (9.16)	1.291 *** (8.14)	0.880 *** (5.37)	0.232 *** (5.37)
gov		-0.048 (-0.60)	-0.056 (-0.70)	-0.031 (-0.39)	0.178 ** (2.13)	0.037 ** (2.13)
fixd			-0.001 (-0.72)	-0.001 (-1.08)	-0.003 *** (-2.62)	-0.056 *** (-2.62)
hp				0.200 *** (3.90)	0.146 *** (2.86)	0.066 *** (2.86)
pgdp					0.037 *** (8.73)	0.245 *** (8.73)
地区固定	控制	控制	控制	控制	控制	控制
时间固定	控制	控制	控制	控制	控制	控制
_cons	0.706 *** (39.77)	0.713 *** (33.72)	0.708 *** (31.76)	0.695 *** (30.90)	0.686 *** (30.77)	0.356 *** (10.08)
N	3948	3948	3948	3948	3948	3948
R²	0.209	0.209	0.210	0.213	0.229	0.229
F	69.100	64.506	60.499	58.056	60.193	60.193

注:括号内为 t 统计量,** 代表 $p < 0.05$,*** 代表 $p < 0.01$。

此外，由模型（5）可知，消费舒适物水平的系数为0.880，且在 p 值为1%水平上显著，说明消费舒适物对产业结构升级具有正向影响，与预期方向一致。此外，政策干预程度的系数为0.178，且在 p 值为5%水平上显著，说明政策干预会促进地方产业结构升级。投资规模的系数为 −0.003，且在 p 值为1%水平上显著，说明投资规模抑制了地方产业结构升级。房价的系数为0.146，且在 p 值为1%水平上显著，说明房价通过过滤机制促进了地方产业结构升级。经济发展水平的系数为0.037，且在 p 值为1%水平上显著，说明经济发展推动了地方产业结构升级。模型（6）是在模型（5）的基础上，对所有变量进行标准化处理之后的回归结果，通过实证结果可以观测消费舒适物对产业升级的相对作用。结果表明，消费舒适物水平平均增加一个标准差，产业结构升级会提高0.232个标准差。

7.4.2 稳健性检验

（1）使用前定变量检验

由于城市消费舒适物水平与核心解释变量之间可能存在同期的相互影响，为避免由此带来的估计偏误，本书将解释变量滞后一期进入回归，见表7-4模型（7）。从模型（7）结果来看，消费舒适物水平的系数为0.635，且在 p 值为1%水平上显著，与基准模型（5）结果具有较好的一致性，说明回归结果具有较好的稳健性。

（2）使用联立方程模型检验

由于城市消费舒适物水平与产业结构升级之间相关性较强，存在一定相互作用机理。为了减少由于因果关系造成的估计偏误，这里分别以消费舒适物水平和产业结构升级作为因变量，构建联立方程模型，见表7-4模型（8）。从模型（8）结果来看，消费舒适物水平的系数为3.533，且在 p 值为1%水平上显著，说明在考虑到核心变量相互作用机制后，消费舒适物对产业结构升级的作用依然显著为正，并且作用系数增大。

（3）考虑城市异质性

由于城市之间在经济水平、自然环境、发展优势等方面存在较大差异，从城市异质性考察消费舒适物对产业结构升级的影响具有必要性，既可以深入了解消费舒适物发挥作用的区域条件，为因地施策提供理论支持，又可以作为考虑区域因素后的基础回归的稳健性检验。考虑到城市分类的重要性与数据可获得性，这里分别从沿海内陆异质性、行政级别异质性以及资源依赖程度异质性视角，考察消费舒适物对产业结构升级的影响。

第一，城市沿海内陆异质性。本书使用沿海内陆虚拟变量构建与消费舒适物水平的交互项，加入基准回归模型中。表7-4模型（9）结果显示，消费舒适物水平系数显著为正，交互项系数也显著为正，说明沿海消费舒适物对产业结构升级作用更加明显。沿海城市消费舒适物水平较高，吸引了优质人才在更大规模上集聚，从而更有利于形成创新优势，进而推动产业结构升级。

表7-4　　　　　　　　　　　　　稳健性检验

变量	（7）ols	（8）ols	（9）ols	（10）ols	（11）ols
	TS_lag	TS	TS	TS	TS
ca	0.635 ***	3.533 ***	0.549 ***	0.462 ***	0.922 ***
	(3.75)	(30.73)	(3.22)	(2.61)	(5.47)
syh			1.032 ***		
			(6.46)		
sjb				1.062 ***	
				(6.03)	
szy					-0.176
					(-1.06)
gov	-0.212 **	1.546 ***	0.189 **	0.153 *	0.176 **
	(-2.53)	(19.85)	(2.28)	(1.85)	(2.11)
fixd	-0.002 *	-0.018 ***	-0.002 *	-0.005 ***	-0.003 ***
	(-1.80)	(-15.26)	(-1.88)	(-4.34)	(-2.79)
hp	0.123 **	0.525 ***	0.035	0.086 *	0.134 **
	(2.39)	(11.49)	(0.65)	(1.66)	(2.55)
pgdp	0.037 ***	-0.071 ***	0.035 ***	0.039 ***	0.037 ***
	(8.58)	(-21.04)	(8.18)	(9.10)	(8.75)
地区固定	控制	控制	控制	控制	控制
时间固定	控制	控制	控制	控制	控制
_cons	0.693 ***	0.347 ***	0.709 ***	0.723 ***	0.689 ***
	(30.93)	(14.79)	(31.58)	(31.40)	(30.56)

续表

变量	(7) ols	(8) ols	(9) ols	(10) ols	(11) ols
	TS_lag	TS	TS	TS	TS
N	3666	3948	3948	3948	3948
R^2	0.256	0.287	0.238	0.237	0.229
F	68.278		59.856	59.491	57.086

注：括号内为 t 统计量，＊代表 p < 0.1，＊＊代表 p < 0.05，＊＊＊代表 p < 0.01。
模型（8）仅展示联立方程回归结果的主要部分。
因使用固定效应模型，城市异质性虚拟变量未能显示出来。

第二，城市行政级别异质性。本书使用高低行政级别为虚拟变量，与消费舒适物水平生成交互项加入回归中。表 7 - 4 模型（10）显示，消费舒适物水平系数显著为正，交互项系数也显著为正，说明高级别城市的产业结构升级更依赖于消费舒适物水平的提高。行政级别高的城市，拥有更多的消费资源，能够吸引更多优秀人才，更有利于经济向内生增长以及创新发展迈进。

第三，城市资源依赖程度异质性。资源型城市是以本地区矿产、森林等自然资源开采、加工为主导产业的城市[①]。与非资源城市相比，资源型城市的特点是依托自然资源为主导产业。本书使用是否资源型城市为虚拟变量，与消费舒适物水平生成交互项加入回归中。表 7 - 4 模型（11）显示，消费舒适物水平系数显著为正，交互项系数为负，但系数并不显著，意味着舒适物水平对产业结构升级的作用在资源型城市和非资源型城市之间无显著差异，作为稳健性检验，也说明在考虑城市类型之后，城市消费舒适物依然对产业结构升级具有显著影响。

7.5 城市消费舒适物对产业结构升级
影响的中介机制分析

（1）逐步检验回归系数
依据逐步法的中介效应模型，首先，以产业结构升级为因变量回归，

---

① 国务院关于印发全国资源型城市可持续发展规划（2013 - 2020 年）的通知 [EB/OL]. http：//www. gov. cn/zwgk/2013 - 12/03/content_2540070. htm.

c 为消费舒适物对产业结构升级的总效应，对应于表 7-3 基准模型（5）。其次，以创新能力代指人才集聚作为因变量回归，a 为消费舒适物对中介变量人才集聚的效应，对应表 7-5 模型（12）。最后，b 为控制了消费舒适物水平的影响之后，中介变量人才集聚对产业结构升级的效应；c' 为控制了中介变量人才集聚之后，消费舒适物对产业升级的影响，对应于表 7-5 模型（13）。从实证结果来看，a 的系数为 124.250，b 的系数为 0.004，c 的系数为 0.880，c' 的系数为 0.321，均在 p 值为 10% 水平上显著，一定程度上说明中介效应显著（温忠麟和叶宝娟，2014）。

表 7-5　　　　　　　　　　　　　中介效应分析

变量	（12）ols	（13）ols	（14）ols	（15）ols
	innov	TS	innov_t	TS
innov		0.004 *** (10.36)		
innov_t				0.027 *** (5.05)
ca	124.250 *** (20.16)	0.321 * (1.88)	9.665 *** (19.00)	0.620 *** (3.62)
gov	0.231 (0.07)	0.177 ** (2.15)	− 0.158 (− 0.61)	0.182 ** (2.19)
fixd	0.963 *** (24.56)	− 0.007 *** (− 6.37)	0.034 *** (10.57)	− 0.004 *** (− 3.46)
hp	29.998 *** (15.62)	0.011 (0.21)	1.315 *** (8.30)	0.111 ** (2.15)
pgdp	0.729 *** (4.56)	0.034 *** (8.05)	− 0.051 *** (− 3.90)	0.038 *** (9.07)
地区固定	控制	控制	控制	控制
时间固定	控制	控制	控制	控制
_cons	− 20.291 *** (− 24.22)	0.777 *** (32.83)	− 0.897 *** (− 12.97)	0.710 *** (31.24)

续表

变量	(12) ols	(13) ols	(14) ols	(15) ols
	innov	*TS*	*innov_t*	*TS*
N	3948	3948	3948	3948
R^2	0.612	0.251	0.357	0.234
F	319.271	64.342	112.290	58.753

注：括号内为 t 统计量，*代表 p<0.1，**代表 p<0.05，***代表 p<0.01。

此外，以技术人才规模指代人才集聚作为因变量回归，a 为消费舒适物对中介变量人才集聚的效应，对应表 7-5 模型（14）。b 是在控制了消费舒适物水平的影响后，中介变量人才集聚对产业结构升级的效应；c'是在控制了中介变量后的，消费舒适物对产业结构升级的影响，对应于表 7-5 模型（15）。从实证结果来看，a 的系数为 9.665，b 的系数为 0.027，c 的系数为 0.880，c'的系数为 0.620，均在 p 值为 1%水平上显著，一定程度上也说明中介效应显著。

（2）系数相乘检验法

逐步检验系数法因其操作简单、易于理解而广泛应用，但其检验力存在较大不足，日益遭到众多批评和质疑（Hayes，2009；Zhao et al.，2010）。针对假设 H0：a×b=0，这里以创新能力代指人才集聚，分别使用 Soble 检验和 Bootstrap 检验[①]。

第一，Soble 检验。模拟研究发现，Sobel 法的检验力高于依次检验（温忠麟等，2004），具体公式见索贝尔（Sobel，1982），在此不再赘述。由表 7-6 可见，Sobel 检验 p 值小于 1%，代表拒绝原假设，中介效应成立。消费舒适物对产业结构升级的直接效应为 1.8558，以人才集聚为中介的间接效应为 0.4867，且中介效应在总效应中的占比为 20.78%。

但该检验的统计量推导基于 $\hat{a}\hat{b}$ 均服从正态分布假定，可是即使每一个系数服从正态分布，其乘积也往往难以满足正态分布，所以 Sobel 检验也存在一定局限性，需要进一步检验。

---

① 技术人才规模、创新能力的系数相乘法中介效应检验结果基本一致，这里仅以创新能力为例说明。

表7-6 Sobel 中介检验结果

中介变量	TS	系数	标准误	Z 值	P 值
innov	Sobel	0.4867	0.0459	10.61	0.00
	a	63.7782	2.9800	21.40	0.00
	b	0.0076	0.0006	12.21	0.00
	间接效应	0.4867	0.0458	10.61	0.00
	直接效应	1.8558	0.1234	15.03	0.00
	总效应	2.3426	0.1190	19.67	0.00

第二，Bootstrap 检验。大量经验研究认为，Bootstrap 法相对于其他检验方法更有统计效力，Bootstrap 法是公认的可以取代 Sobel 方法而直接检验系数乘积的方法（温忠麟和叶宝娟，2014）。Bootstrap 检验的也是假设 H0：$a \times b = 0$，它根据标准误的理论概念，将样本容量很大的样本当作总体，进行有放回抽样，从而得到更为准确的标准误（Wen et al.，2010）。非参数百分位 Bootstrap 法，根据 Bootstrap 抽样样本，构造 $a \times b$ 的一个置信度为95%的置信区间用以检验，倘若置信区间不包含0，则认为系数乘积显著，其检验力高于 Sobel 检验（MacKinnon et al.，2004）。除此之外，构造偏差校正后的置信区间的检验力更高，也被称为偏差校正的非参数百分位 Bootstrap 法（Preacher and Hayes，2008；方杰和张敏强，2012）。

由表7-7可见，中介效应百分位 Bootstrap 法置信区间为 [0.3757，0.6290]；偏差校正的非参数百分位 Bootstrap 法的置信区间为 [0.3763，0.6372]，这里置信区间很显然均未包含0，说明中介效应成立。

表7-7 bootstrap 中介检验结果

中介变量	TS	观测系数	偏差	Bootstrap 标准误	[95% 置信区间]	
innov	间接效应	0.4867	-0.0017	0.0644	0.3757	0.6290（P）
					0.3763	0.6372（BC）
	直接效应	1.8558	0.0050	0.1289	1.6305	2.1476（P）
					1.6425	2.1507（BC）

注：（P）表示百分位置信区间；（BC）表示偏差校正非参百分位置信区间；Bootstrap replications（300）。

7.6　城市消费舒适物对产业结构升级影响的空间溢出效应分析

根据理论分析，产业结构升级在空间上存在正向关联（贾敬全和殷李松，2015；于斌斌，2017），消费舒适物水平在空间上也存在正向关联，因而，本书需要拓展空间视角，进一步考察消费舒适物对产业结构升级影响的空间溢出效应。

（1）空间自相关检验

这里采用通常使用的逆地理矩阵作为空间权重矩阵，以全局 moran 指数度量各变量的地理分布规律，考察其是否存在空间自相关。从表 7 - 8 中可以看出，产业结构升级、消费舒适物水平的莫兰值在各年份均通过 p 值为 1% 水平的显著性检验，表明产业结构升级、消费舒适物水平具有明显的空间依赖性。因此，接下来采用空间计量模型考察消费舒适物对产业结构升级的影响。消费舒适物水平在空间上存在正向关联性，这既体现为自然及人文舒适物在空间上的溢出性，又能体现经济关联的消费舒适物在空间上受到经济溢出性的影响。

表 7 - 8　　　　　　　　　　莫兰指数

年份	TS	p 值	ca	p 值
2003	0.048	0.000	0.038	0.000
2004	0.047	0.000	0.039	0.000
2005	0.036	0.000	0.039	0.000
2006	0.026	0.000	0.039	0.000
2007	0.019	0.000	0.042	0.000
2008	0.015	0.001	0.042	0.000
2009	0.020	0.000	0.047	0.000
2010	0.015	0.001	0.047	0.000
2011	0.017	0.000	0.042	0.000
2012	0.019	0.000	0.043	0.000

年份	TS	p 值	ca	p 值
2013	0.019	0.000	0.046	0.000
2014	0.025	0.000	0.044	0.000
2015	0.028	0.000	0.043	0.000
2016	0.035	0.000	0.046	0.000

（2）空间回归分析

空间模型的选择是进行空间计量分析的首要任务，本书根据贝洛蒂等（Belotti et al.，2017）模型检验方法，以空间杜宾模型（SDM）为通用范式开始，对替代模型进行逐步检验。检验发现，SDM 模型并不适合简化为 SAR 模型或 SEM 模型，并通过信息准则（IC）判断认为 SDM 模型更适合。此外，通过 Hausman 检验，认为固定效应模型的估计方法相对更优。接下来，以逆地理矩阵作为空间权重矩阵，采用固定效应 SDM 模型进行估计分析。

由表 7 - 9 模型（16）显示，固定效应 SDM 模型下消费舒适物水平的系数为 0.717，略小于表 7 - 3 基准模型（5）的系数，且在 p 值为 1% 水平上显著。为了避免可能存在的模型选择偏误，使用空间滞后模型（SAR）和空间误差模型（SEM）作为稳健性检验，从表 7 - 9 模型（17）、模型（18）结果来看，消费舒适物水平的系数分别为 0.405、0.759，且均在 p 值为 1% 水平上显著为正，说明结论具有较好的稳健性。

表 7 - 9 空间模型回归结果

变量	(16) SDM	(17) SAR	(18) SEM	(19) SDM	(20) SAR	(21) SEM
	TS	TS	TS	TS	TS	TS
Main						
ca	0.717 ***	0.405 ***	0.759 ***	0.481 ***	0.310 **	0.325 **
	(4.71)	(2.81)	(4.99)	(3.42)	(2.28)	(2.34)
gov	0.194 **	- 0.265 ***	0.184 **	0.071	- 0.282 ***	- 0.024
	(2.44)	(-4.36)	(2.35)	(0.97)	(-4.94)	(-0.34)
fixd	- 0.001	- 0.002 **	- 0.002	- 0.000	0.000	- 0.000
	(-1.26)	(-2.25)	(-1.57)	(-0.52)	(0.02)	(-0.18)

续表

变量	(16) SDM	(17) SAR	(18) SEM	(19) SDM	(20) SAR	(21) SEM
	TS	TS	TS	TS	TS	TS
hp	0.193 ***	−0.047	0.165 ***	0.470 ***	0.042	0.364 ***
	(3.70)	(−1.07)	(3.27)	(8.84)	(1.00)	(6.94)
pgdp	0.031 ***	0.020 ***	0.032 ***	0.024 ***	0.011 ***	0.022 ***
	(7.53)	(5.34)	(8.04)	(6.28)	(3.07)	(5.80)
Wx						
ca	2.295 **			1.079 ***		
	(2.25)			(3.29)		
gov	−0.424			−0.292 **		
	(−1.16)			(−2.43)		
fixd	−0.022 ***			−0.000		
	(−3.20)			(−0.17)		
hp	−1.043 ***			−0.900 ***		
	(−4.36)			(−9.59)		
pgdp	0.031			−0.029 ***		
	(1.10)			(−3.52)		
Spatial						
rho	0.932 ***	0.935 ***		0.706 ***	0.712 ***	
	(54.55)	(61.01)		(44.13)	(45.24)	
lambda			0.942 ***			0.751 ***
			(70.34)			(50.09)
Variance						
sigma2_e	0.026 ***	0.027 ***	0.026 ***	0.022 ***	0.024 ***	0.023 ***
	(44.28)	(44.29)	(44.30)	(43.80)	(43.79)	(43.66)
N	3948	3948	3948	3948	3948	3948
R^2	0.047	0.004	0.053	0.045	0.003	0.051
ll	1570.225	1513.099	1557.168	1769.079	1676.082	1725.729

注：括号内为 z 统计量，** 代表 $p < 0.05$，*** 代表 $p < 0.01$。

此外，本书还使用了临近矩阵作为权重矩阵进行稳健性检验。以 300 千米为距离阈值，构建空间临近矩阵，分别使用 SDM、SAR、SEM 模型进行估计，回归结果分别见表 7 - 9 模型（19）～模型（21），与之前模型结果基本一致，这在一定程度说明了回归结果具有稳健性。

（3）空间溢出效应分解

借鉴勒沙杰与佩斯（LeSage and Pace，2009），采用偏微分法测度和检验空间溢出效应，这里将地区解释变量变动导致当地被解释变量的变动称作直接效应，而将地区解释变量变动导致其他地区被解释变量的变动称作间接效应，且将间接效应作为空间效应溢出的表征。对应于表 7 - 9 模型（16），这里将总效应分解成直接效应和间接效应，具体见表 7 - 10。

表 7 - 10　　　　　　　　　　　空间溢出效应分解

变量	直接影响	空间溢出效应	总体效应
ca	0.899 ***	46.994 **	47.893 **
	(5.09)	(2.21)	(2.25)
gov	0.176 **	- 3.865	- 3.689
	(2.24)	(- 0.63)	(- 0.60)
$fixd$	- 0.003 **	- 0.365 **	- 0.368 **
	(- 2.41)	(- 2.25)	(- 2.26)
hp	0.142 ***	- 13.130 ***	- 12.988 ***
	(2.72)	(- 2.73)	(- 2.70)
$pgdp$	0.034 ***	0.924 *	0.958 *
	(8.07)	(1.75)	(1.80)

注：括号内为 z 统计量，* 代表 $p < 0.1$，** 代表 $p < 0.05$，*** 代表 $p < 0.01$。

结合计量分析结果和理论实际，这里对产业结构升级的影响机制说明如下：①消费舒适物水平。消费舒适物水平的溢出效应在 p 值为 5% 水平上显著为正，表明周边地区消费舒适物水平提升对当地产业结构升级具有正的空间溢出效应。②投资规模。投资规模的空间溢出效应在 p 值为 5% 水平上显著为负，意味着周边地区固定资产投资规模对当地产业结构升级具有负向影响。③房价。房价的空间溢出效应在 p 值为 1% 水平上显著为负，意味着周边地区房价上涨对当地产业结构升级具有负向影响。可能的解释是，优势地区因房价上涨带动劳动力成本上升，一些低效能产业，比如高耗能、劳动密集型产业等，被迫流向周边落后地区。④经济水平。经济水平的空间溢出效应在 p 值为 10% 水平上显著为正，意味着周边地区经济发展对当地产业结构升级具有正向影响。

7.7 本 章 小 结

本章基于上文理论分析，以中国 2003～2016 年 282 个城市作为研究对象，利用最小二乘法、空间计量模型、中介模型，分析城市消费舒适物对产业结构升级的影响。主要研究结论如下。

第一，消费舒适物对产业结构升级具有促进作用，人才集聚在其中起到中介作用，也即消费舒适物通过吸引人才集聚能够促进了产业结构升级。高新技术企业从事智力活动，主要依赖人才和知识，具有人才密集型特点，其区位选择具有人力资源导向，而人才更倾向于流入消费舒适物水平高的城市。从城市建设角度看，消费不是狭义上的消耗，也不是传统意义上的私人消费，而是转化成一种能够促进城市发展的资本。那么，政府加大对消费舒适物的财政投入，建设宜居或消费城市，不再仅仅是福利性支出，而是对城市的长远投资。美好生活是城市发展重要的驱动力，城市是人的城市，城市发展要以人为本，这是城市发展的规律，也是城市保有竞争力的关键。消费舒适物对产业结构升级的作用存在城市异质性，主要体现为在沿海城市、高行政等级城市、非资源型城市，消费舒适物对产业结构升级的作用更明显，这是因为这些城市的消费舒适物水平更高，能够吸引更多的人才，并有利于发挥人才集聚效应。从现实中来看，省会城市的房价较高，而工资水平与地方城市并没有显著的差异，那么为何人们仍愿意去省会城市生活呢？相当大的原因在于，人们为了获得更好的教育、医疗条件，为了提升社会地位，而这些均与消费舒适物有关。

第二，空间视角下，消费舒适物对产业结构升级影响具有空间溢出效应，也即是周边地区消费舒适物水平提高，也有利于本地区产业结构升级。消费舒适物虽然具有地域属性，但通过人的跨区域流动和交流，周边地区也能够分享消费舒适物带来的价值溢出。比如，文化教育的溢出效应，使得临近地区可以方便地获取知识和思想。一定程度上，临近城市之间消费舒适物可以做到共建共享，尤其是在城市集群化发展阶段，城市之间加强合作可以塑造共同优势，避免重复建设，发挥舒适物价值最大化。在以往的研究中，更侧重于经济的空间溢出效应，而城市消费舒适物的溢出效应有自身的作用条件，这也给未来城市集群化发展以启示。现实是，较多地方出现重复舒适物建设，造成城市资源的极大浪费，而未能显著提升地方消费舒适物水平。因为城市消费舒适物是一个系统，而这个系统的地域边界取决于约束条件，比如获取的方便性和获取的成本等，城市群之所以提出要实现一体化发展，实现公共服务一体化的原因就在于扩大舒适物系统的边界能够实现"帕累托改进"，既在不损失地方利益的前提下，通过合作促进共同利益的增加。以城市群为基础的消费舒适物发展策略，可以最大化利用各地消费舒适物资源，形成一个有机的整体，以整体参与区域竞争，更容易获得竞争优势，吸引更多优质劳动力资源，进而推动区域的发展。

此外，本章节研究为城市竞争力重塑提供启示。城市管理者应将经济发展与消费舒适物建设充分结合起来，进一步提升地方消费舒适物水平。消费舒适物建设既需要经济发展给予持续性的支持，又能产生引人引才的功效，将两者结合的程度和水平，将决定城市未来的发展潜力。

8

研究结论与政策启示

8.1 基本结论

本书围绕消费舒适物与城市发展这一研究主题，以"城市作为消费娱乐的机器"为研究的逻辑起点，以"消费舒适物影响劳动力流动"为主线，以"满足人民美好生活需要，推动城市发展"为研究的落脚点。并从消费经济学、城市经济学、地理经济学等学科融合入手，以理论为基础，深化了城市消费舒适物内涵，探索了其水平空间分布格局，探讨并实证检验了其对劳动力流动与城市发展的作用机理，得出以下主要结论。

第一，2003 年以来，我国城市消费舒适物水平总体呈上升趋势，但区域间城市消费舒适物水平及其提升能力存在明显差异。区域间消费舒适物水平差异，表现为东部地区最高，且保持较快增长态势；中部地区略高于西部地区，且具有相似的较快增长态势；东北地区仅次于东部地区，但发展态势缓慢，近年来甚至出现回落。从空间差异及来源看，消费舒适物水平差异呈现出明显的倒 U 型趋势，且区域间差距是其差距的主要来源。此外，城市消费舒适物水平在空间上具有正向关联，邻域环境对城市消费舒适物水平状态转移方向和概率具有一定影响，存在明显的"俱乐部趋同"和"马太效应"现象。

第二，城市消费舒适物对劳动力流入具有正向影响，而且这种影响对于具备人才特质的劳动力更强。城市消费舒适物，通过增加居民效用、改善城市发展预期、增强劳动供给效率等，提高劳动力预期流入收益。在理论分析基础上，使用中国劳动力动态调查数据（CLDS）和城市层面宏观数据，运用条件 Logit（Clogit）、工具变量法等方法实证验证了城市消费舒适物对劳动力跨区域流动的作用机理。具体而言，城市消费舒适物水平提高一个标准差，劳动力流入概率增加 1.968 倍。从个体异质性来看，年龄较小、技能水平较高、文化水平较高的劳动者，对消费舒适物需求较为强烈，更倾向于流入消费舒适物水平较高的城市。此外，流动年份较近的劳动力，更关注非经济因素，也倾向于流入消费舒适物水平较高的城市。

第三，城市消费舒适物对劳动力幸福感具有正向影响，其中经济压力较小的劳动力对消费舒适物的幸福感知更强。城市消费舒适物，通过引致人力资本增值效应、社会互动效应、健康效应，促进劳动力幸福感提升、定居倾向增强。其中，经济压力在消费舒适物对劳动力幸福感影响过程中发挥着重要调节作用。由于个体层面经济条件的差异，导致劳动力对消费舒适物的摄取能力上存在差别，造成事实上的舒适物摄取不公平，进而影响到劳动者幸福感。具体表现为，拥有住房产权、收入压力小的劳动力对消费舒适物的幸福感知更明显，在消费舒适物水平高的城市更幸福。拥有住房产权意味着能够享有当地的公共服务等资源，也能够享受到房价上涨带来增值，进而有"闲情"和"余力"去体验城市的自然文化风光。

第四，城市消费舒适物对产业结构升级具有促进作用，且人才集聚在其过程中起到关键中介作用。城市消费舒适物作为一种消费型资本，通过引致人才集聚效应、高新技术企业集聚效应、消费升级效应，促进当地产业结构升级。其中，城市消费舒适物促进人才集聚，是其作用于当地产业结构升级的关键渠道。使用城市层面面板数据，运用最小二乘法、中介效应模型等方法实证验证了城市消费舒适物对产业结构升级的作用机理。人才，尤其是创意阶层，已成为城市发展的重要推动力。人才更倾向于流入消费舒适物水平较高的城市，而高新技术企业主要依赖人才和知识，因而城市消费舒适物的人才集聚效应间接促进产业结构升级。

第五，城市消费舒适物对产业结构升级的影响存在空间溢出效应，也即是周边地区消费舒适物水平提高，也有利于本地区产业结构升级。消费舒适物虽然具有地域属性，但通过人的跨区域流动和交流，周边地区也能够分享消费舒适物带来的价值溢出。使用城市层面面板数据，运用空间计量模型等方法实证验证了消费舒适物对产业结构升级影响的空间溢出效应。随着高铁技术的推广，区域间交通时间大幅压缩，周边地区交流日益频繁，临近高消费舒适物水平的地区可以较方便地分享医疗、商业消费等资源，有助于增加当地人才引进的优势。此外，人力资本具有溢出效应，通过技术、知识、创新的外部性，可以较低成本获得临近地区先进技术，从而推动本地区产业结构升级。

8.2 政策启示

本书将"美好生活需要"与城市发展紧密联系在一起，论证了一种新的以需求为导向型的城市发展思路。新时代，城市需要充分发挥消费舒适物引人引才作用，推动劳动力要素集聚，促进产业结构转型升级。

第一，城市管理者要重视消费舒适物建设。首先，城市加强舒适物建设，要始终坚持以人民为中心，发展为了人民，发展依靠人民，努力让人民过上美好生活，不断增强人民群众获得感、幸福感、安全感。要鼓励群众积极参与进来，从垃圾分类、维护服务设施、诚信友善等点滴做起，营造城市良好的自然环境和人文环境，改善城市整体风貌，塑造城市吸引力。其次，要结合自身城市发展情况，发挥地区优势，增强消费舒适物水平。比如，虽然自然舒适物更多地由气候条件决定，往往难以改变，但对于自然舒适物不占优势的城市可以通过加强文化、教育、医疗等舒适物建设，来提升整体城市舒适物水平。对于特大城市，要补消费舒适物系统短板，要着重治理拥挤效应带来的负面影响。北京、上海、深圳等大城市虽然仍具有强大的资源集聚能力，对劳动力形成强大的吸引力，然而随着拥挤效应显现，当地劳动力的幸福感会降低，可能会随之产生一系列社会问题，尤其值得当地管理者关注。再次，要完善地方激励政策，鼓励城市间通过有效竞争，提升消费舒适物水平。虽然自然舒适物具有地域差异，但随着环境绿化、污水治理等环保技术的成熟，城市在自然舒适物上具有更多的可操作空间，同时，地方特色的自然舒适物也可以塑造形成区域独特吸引力。可以将消费舒适物水平作为地方发展考核的重要内容之一，进而激励地方政府在经济发展的同时不断增强地方消费舒适物供给。最后，要将消费舒适物建设与经济发展、社会发展相统一，将舒适物建设的数量与质量相统一，推动城市高质量发展。城市消费舒适物并不是孤立存在，其经济社会效应发挥，依赖于同城市发展、社会发展的融合。

第二，区域政策应注重提高城市消费舒适物水平均等化。首先，要注重关键消费资源配置的区域均衡性，着重促进中西部地区以及中小城市消费舒适物水平进一步提升。区域间差距仍是城市消费舒适物水平差异的主要来源，因而在深入贯彻"中部崛起""西部开发""东北振兴"战略的同时，要注重提升落后地区消费舒适物水平。现阶段，尤其要强调区域教育、医疗等消费资源配置的均衡性，因为对普通劳动者来说，教育、医疗等公共服务仍是关键舒适物，当然这也根源于传统文化，比如典故"孟母三迁"等。其次，缩小地区间教育、医疗资源等消费资源的差异，一定程度上可以通过调整人口分布，避免大城市因人口集聚带来的"拥挤效应"问题。城市发展经验规律表明，消费舒适物建设是一个渐进的、长期的过程，这也决定了劳动力向一线城市流入的趋势难以改变。需要顺应城市发展规律，加强对新一线城市建设，构造多个城市"发展极"，激励劳动力向新一线城市流入，以缓解一线城市的人口压力。最后，提升低消费舒适物水平城市的向上转移发展能力。由于"俱乐部趋同"和"马太效应"的存在，低消费舒适物水平的城市实现向上跃升存在较强阻力，当然经济层面对消费舒适物建设的限制较大。所以，要支持落后且具有发展潜力地区通过经济发展带动消费舒适物水平提升，增强科技扶持力度，培育落后地区经济增长新动力。

第三，要充分发挥消费舒适物的人才集聚效应，助力城市高质量发展。首先，城市管理者应正确认识消费舒适物，并将之作为促进城市发展的一种消费型资本。城市消费舒适物水平提升与经济发展并不违背，舒适物水平提升不仅可以增加当地劳动力人力资本，提高劳动力生产效率，而且可以吸引更多外来人才流入，形成人才集聚效应。加大对消费舒适物建设的财政投入，不再仅仅是社会福利性支出，而是对城市的长远投资。其次，未来城市的竞争力体现在高素质人力资本的吸引能力上，地方要针对地打造适宜人才发展的场景。要塑造积极的生活文化环境，积极举办文化体育活动及赛事，增强"美好生活"对人才的吸引力，加快推进宜居城市建设，将有助于培育城市发展新动，推动城市高质量发展。

第四，以城市群为主体，建立消费舒适物共建共享机制。首先，城市舒适物水平不仅存在正向的空间关联，而且高水平城市对临近城市产业结构升级具有空间溢出效应，这形成了城市之间加强舒适物建设合作的基础。其次，增强城市群各城市之间的连通性，加强区域整体规划，优化布局消费舒适物，以城市群为主体整合区域优势，共同打造消费舒适物供给圈，充分发挥消费舒适物的经济社会效应，助推区域产业结构转型升级。最后，加强城市群人才交流与技术合作。建立城市人才共建信息共享机制，畅通知识交流通道，发挥知识在城市空间的溢出效应，夯实消费舒适物共建共享的基础。

第五，以居民健康需求为导向，加强城市消费舒适物建设。首先，保持身心健康是提升人们主观幸福感的重要基础。随着城市化推进，社会大变革诱发众多心理问题，同时，空气污染、水污染等反舒适物极大损害了人们身体健康。在城市发展中，要注重健康舒适物供给，这里既包括良好的医疗条件，也包括积极健康的社会文化，和谐自然的生态环境，这都有助于提升劳动力幸福感的提升。其次，以生态为本底，构建城市的绿水青山蓝图。城市要加强生态文明建设，着力推进"碧水、蓝天、绿地"工程，做好防治"水、空气、土壤"污染工作，推动绿色低碳循环经济发展，为城市居民塑造优美的自然生活环境。再次，以科技为支持，增强城市的医疗保健供给能力。城市要增强医疗卫生管理，着力深化医疗卫生体系改革，推进医疗产业发展，提升硬件设施和技术能力，为城市居民提供良好的生活医疗服务。最后，以和谐为基调，培育积极多元的社会文化。城市要强化文化软实力，着力培育塑造和谐的城市文化，推进市民素质提升工程，加强社会公德教育，引导形成积极、诚信、开放、包容的新风貌，为城市居民提供和谐的文化生活环境。

第六，要关注城市舒适物摄取的公平性。首先，增加城市中弱势群体公平享有消费舒适物的机会。消费舒适物作为集体消费品，除了空气等自然舒适物，大部分被附属在私人人消费品之上，致使消费资源非公平配置。比如，只有通过购买商品住房才能有机会享有优质教育等舒适物，只有通过高额消费支出才能享有优质的医疗舒适物等。城市管理者要关注无住房产权、收入压力大的群体，采取一些措施降低其享有消费舒适物的成本，增强其生活的幸福感，让他们有余情、有余力地去享受城市消费资源。其次，加大对新就业青年人才的舒适物供给能力。新就业青年人才，由于缺少资金积累，在城市生活的压力较高。要继续完善人才公寓或公租房的供给体制，发放一定文化消费券，让更多青年人才能流进来、留得住。

第七，消费舒适物建设要因地制宜。在经济基础较为薄弱的城市，仍要以经济发展作为首要任务。在经济发展水平较高的城市，着重提升城市消费舒适物水平，增加创新驱动能力，并发挥城市消费舒适物的经济社会效应，逐步转变经济发展方式，促进经济又好又快地发展。在自然舒适物水平低的城市，要加强环境治理工程，增强生态防护能力，加大绿化力度，为当地居民营造优美的自然环境。在医疗舒适物较低的城市，要加强医疗制度改革，加大培育医疗后备力量，增加医疗领域引才力度，提高城市的健康医疗保障水平。在人文舒适物水平较低的城市，要以"文明城市"为内在要求，加大树新风、明礼节、知荣辱的社会教育，建立相应的规章制度，激励市民遵纪守法，勤劳诚信，逐步增强社会的包容度，为市民营造舒适的人文社会环境。

8.3　研究不足与展望

消费舒适物建设与城市发展研究是一个新的时代课题，因资料获取质量、研究能力有限等多方面因素的影响，本书至少有以下几点不足之处，有待以后进一步补充完善。

第一，受到研究数据限制，构建的指标体系可能不能完全反映城市消费舒适物水平。本书仅从公共服务、人文、自然、商业四个层面构建城市消费舒适物指标体系，而具体每个指标的选择，难以全面囊括舒适物类型和反映其质量。由于舒适物界定具有较强主观性，本书在有限范围内给予合理的界定和测度，有待以后进一步细化研究。

第二，受到研究数据限制，本书未能具体分析各类细分消费舒适物对城市发展的作用。本书将城市消费舒适物作为一个舒适物系统，反映的是城市整体的消费舒适水平，却未能识别各类舒适物对城市发展的作用。从现实中来看，每类消费舒适物的作用是有差异的，而且存在一些功能比较单一的城市，比如旅游城市、港口城市、资源城市等。因而，以后可以具体研究某一类城市，并具体探索各类舒适物对城市发展的作用机制。

本书初步勾画了消费舒适物对城市发展的理论框架，为进一步展开消费舒适物与城市发展研究提供了一定参考，未来相关研究可以侧重于以下几个方面。

第一，聚焦于某一类舒适物深入研究。从本书的研究来看，城市消费舒适物具有较多内涵，也有较多的维度，因而未来研究可以聚焦于某一类型舒适物，比如教育、医疗、空气质量等。在近期新冠肺炎疫情的影响下，人们对健康需求会增加，对医疗舒适物的重视程度也会提高，因此未来具体研究医疗舒适物的空间布局以及经济社会效用，仍是一个值得探索的领域。此外，近些年雾霾对人们生活影响很大，空气污染是否驱动人们流动，是否会影响人们幸福感，以及产业结构升级等，也具有很强的社会价值。

第二，利用微观地理大数据做深入研究。由于数据获取上的局限，本书研究停留在城市层面上，而城市层面数据多是来自政府部门公布的总体统计量，忽略了城市内部差异。随着地理信息系统技术的进步，获取城市内部消费舒适物分布情况具有可操作性，比如 POI 数据能够得到商业消费舒适物的布局情况，辅之以人口密度和房价数据，可以从细分区域更精准地识别消费舒适物的作用。

第三，加大对人才的舒适物偏好研究。创意阶层是国外对后工业时代人才特征的概况和总结，而我国人才对舒适物的偏好是否与国外一致，这一话题仍需要深入探讨。比如，我国居民对公共服务舒适物的偏好较强，而国外更关注于自然舒适物，这是国别之间舒适物上的差异性。因而，可以通过问卷或访谈等方式深入了解我国区域人才的个人特征以及消费偏好，为深入研究消费舒适物对人才流动的作用作支撑。

参 考 文 献

［1］蔡昉，王美艳，曲玥. 中国工业重新配置与劳动力流动趋势［J］. 中国工业经济，2009（8）：5 - 16.

［2］蔡海亚，徐盈之. 贸易开放是否影响了中国产业结构升级？［J］. 数量经济技术经济研究，2017（10）：3 - 22.

［3］曹芳芳，程杰，武拉平. 劳动力流动推进了中国产业升级吗？——来自地级市的经验证据［J］. 产业经济研究，2020（1）：57 - 70.

［4］常世旺，佟玉. 从收入推动到基本公共服务吸引：论我国省际人口流动的主导动因［J］. 公共财政研究，2015（3）：45 - 52.

［5］陈林心. 高等教育集聚促进长江中游城市群创新创业的空间杜宾模型［J］. 科技管理研究，2020，40（1）：75 - 82.

［6］陈明华，刘玉鑫，张晓萌等. 中国城市群民生发展水平测度及趋势演进——基于城市 DLI 的经验考察［J］. 中国软科学，2019，337（1）：50 - 66.

［7］陈强. 高级计量经济学及 stata 应用（第二版）［M］. 北京：高等教育出版社，2014.

［8］陈胜，马凌. 高素质人才的城市舒适物偏好及其就业城市选择——以信息产业中的科技人才为例［J］. 人文杂志，2014（9）：114 - 121.

［9］陈云松，张翼. 城镇化的不公平效应与社会融合［J］. 中国社会科学，2015（6）：78 - 95.

［10］程超，温兴祥. 家庭内部相对收入、性别身份认同与中国居民生活幸福感——基于 CGSS 数据的实证研究［J］. 经济评论，2019（6）：127 - 139.

［11］程名望，史清华. 非经济因素对农村剩余劳动力转移作用和影响的理论分析［J］. 经济问题，2009（2）：90 - 92.

［12］崔巍，邱丽颖. 户籍身份、社会分割与居民幸福感——基于不

同影响机制的实证研究 [J]. 经济学家, 2019 (1): 80 - 86.

[13] 戴海东, 易招娣. 和谐社会视域下的阶层流动与高等教育公平 [J]. 教育研究, 2012 (8): 67 - 70.

[14] 邓大松, 杨晶. 养老保险、消费差异与农村老年人主观幸福感——基于中国家庭金融调查数据的实证分析 [J]. 中国人口科学, 2019 (4): 43 - 55.

[15] 丁维莉, 陆铭. 教育的公平与效率是鱼和熊掌吗——基础教育财政的一般均衡分析 [J]. 中国社会科学, 2005 (6): 47 - 57.

[16] 董福荣, 李萍. 广东人力资本与产业结构的互动关系分析 [J]. 中国人力资源开发, 2009 (3): 74 - 78.

[17] 段楠. 城市便利性、弱连接与"逃回北上广"——兼论创意阶层的区位选择 [J]. 城市观察, 2012 (2): 101 - 111.

[18] 樊纲, 王小鲁. 消费条件模型和各地区消费条件指数 [J]. 经济研究, 2004 (5): 13 - 21.

[19] 范子英, 赵仁杰. 法治强化能够促进污染治理吗?——来自环保法庭设立的证据 [J]. 经济研究, 2019, 54 (3): 21 - 37.

[20] 方福前, 俞剑. 居民消费理论的演进与经验事实 [J]. 经济学动态, 2014 (3): 11 - 34.

[21] 方杰, 张敏强. 中介效应的点估计和区间估计: 乘积分布法、非参数 Bootstrap 和 MCMC 法 [J]. 心理学报, 2012, 44 (10): 1408 - 1420.

[22] 符建华, 张世颖. 人力资本、市场化对产业结构升级影响的实证分析 [J]. 统计与决策, 2019, 35 (21): 105 - 107.

[23] 干春晖, 郑若谷, 余典范. 中国产业结构变迁对经济增长和波动的影响 [J]. 经济研究, 2011 (5): 4 - 16.

[24] 高波, 陈健, 邹琳华. 区域房价差异、劳动力流动与产业升级 [J]. 经济研究, 2012 (1): 67 - 80.

[25] 高文书, 谢倩芸. 中国产业结构升级的人力资本需求研究 [J]. 华中师范大学学报 (人文社会科学版), 2017, 56 (2): 41 - 50.

[26] 耿献辉, 江妮. 消费升级对产业结构调整影响研究——进口产品质量对国内企业研发能力的分析 [J]. 价格理论与实践, 2017 (4): 161 - 164.

[27] 辜胜阻, 李华. 以"用工荒"为契机推动经济转型升级 [J].

中国人口科学, 2011 (4): 2 – 10.

[28] 官皓. 收入对幸福感的影响研究: 绝对水平和相对地位 [J]. 南开经济研究, 2010 (5): 56 – 70.

[29] 郭进, 徐盈之, 顾紫荆. 户籍歧视与城市移民的幸福感缺失 [J]. 山西财经大学学报, 2018 (4): 1 – 16.

[30] 郭凯明, 杭静, 颜色. 中国改革开放以来产业结构转型的影响因素 [J]. 经济研究, 2017 (3): 32 – 46.

[31] 郭克莎. 中国产业结构调整升级趋势与 "十四五" 时期政策思路 [J]. 中国工业经济, 2019 (7): 24 – 41.

[32] 韩永辉, 黄亮雄, 王贤彬. 产业政策推动地方产业结构升级了吗? ——基于发展型地方政府的理论解释与实证检验 [J]. 经济研究, 2017 (8): 33 – 48.

[33] 郝国彩, 徐银良, 张晓萌, 陈明华. 长江经济带城市绿色经济绩效的溢出效应及其分解 [J]. 中国人口·资源与环境, 2018, 28 (5): 75 – 83.

[34] 郝寿义, 曹清峰. 后工业化初级阶段与新时代中国经济转型 [J]. 经济学动态, 2019 (9): 26 – 38.

[35] 何金廖, 曾刚. 城市舒适性驱动下的创意产业集聚动力机制——以南京品牌设计产业为例 [J]. 经济地理, 2019, 39 (3): 134 – 161.

[36] 何立新, 潘春阳. 破解中国的 "悖论": 收入差距、机会不均与居民幸福感 [J]. 管理世界, 2011 (8): 11 – 22.

[37] 何一鸣, 蒲英霞, 王结臣. 基于马尔可夫链的四川省产业结构时空演变 [J]. 中国人口·资源与环境, 2011 (4): 72 – 79.

[38] 洪进, 余文涛, 杨凤丽. 人力资本、创意阶层及其区域空间分布研究 [J]. 经济学家, 2011 (9): 30 – 37.

[39] 洪银兴. 城市功能意义的城市化及其产业支持 [J]. 经济学家, 2003, 2 (2): 29 – 36.

[40] 胡鞍钢. 中国进入后工业化时代 [J]. 北京交通大学学报 (社会科学版), 2017, 16 (1): 1 – 16.

[41] 胡宏兵, 高娜娜. 教育程度与居民幸福感: 直接效应与中介效应 [J]. 教育研究, 2019 (11): 111 – 123.

[42] 黄嘉文. 教育程度、收入水平与中国城市居民幸福感 ——一项基于 CGSS2005 的实证分析 [J]. 社会杂志, 2013, 33 (5): 181 – 203.

［43］黄江松，鹿春江，徐唯燊．基于马斯洛需求理论构建宜居城市指标体系及对北京的宜居评价［J］．城市发展研究，2018，25（5）：89－93．

［44］黄曦，傅红春．财政支出政策、收入水平与居民幸福感——来自中国综合社会调查的分析［J］．经济与管理，2019（2）：38－44．

［45］黄永明，何凌云．城市化、环境污染与居民主观幸福感——来自中国的经验证据［J］．中国软科学，2013（12）：82－93．

［46］贾敬全，殷李松．财政支出对产业结构升级的空间效应研究［J］．财经研究，2015（9）：18－28．

［47］贾俊雪，郭庆旺．中国区域经济趋同与差异分析［J］．中国人民大学学报，2007（5）：61－68．

［48］贾妮莎，韩永辉，邹建华．中国双向 Fdi 的产业结构升级效应：理论机制与实证检验［J］．国际贸易问题，2014（11）：109－120．

［49］焦勇．生产要素地理集聚会影响产业结构变迁吗［J］．统计研究，2015，32（8）：54－61．

［50］蓝庆新，陈超凡．新型城镇化推动产业结构升级了吗？——基于中国省级面板数据的空间计量研究［J］．财经研究，2013（12）：57－71．

［51］李冬冬．经济学视域下国内外对中国主观幸福研究进展评述［J］．技术经济与管理研究，2019（9）：103－108．

［52］李虹，邹庆．环境规制、资源禀赋与城市产业转型研究——基于资源型城市与非资源型城市的对比分析［J］．经济研究，2018，53（11）：184－200．

［53］李佳．空气污染对劳动力供给的影响研究——来自中国的经验证据［J］．中国经济问题，2014（5）：67－77．

［54］李健，徐丽娜．中国西部中等城市文化教育功能的培育与城市可持续发展［J］．四川师范学院学报（哲学社会科学版），2000（2）：23－26．

［55］李健，周慧．中国碳排放强度与产业结构的关联分析［J］．中国人口·资源与环境，2012（1）：7－14．

［56］李力行，申广军．经济开发区、地区比较优势与产业结构调整［J］．经济学（季刊），2015（3）：885－910．

［57］李敏，张婷婷，雷育胜．人力资本异质性对产业结构升级影响的

研究——"人才大战"引发的思考 [J]. 工业技术经济, 2019, 38 (11): 107 – 114.

[58] 李强. 产业升级与生态环境优化耦合度评价及影响因素研究——来自长江经济带 108 个城市的例证 [J]. 现代经济探讨, 2017 (10): 71 – 78.

[59] 李清彬, 李博. 中国居民幸福 – 收入门限研究——基于 CGSS2006 年的微观数据 [J]. 数量经济技术经济研究, 2013 (3): 36 – 52.

[60] 李晓春, 马轶群. 我国户籍制度下的劳动力转移 [J]. 管理世界, 2004 (11): 49 – 54.

[61] 李叶妍, 王锐. 中国城市包容度与流动人口的社会融合 [J]. 中国人口·资源与环境, 2017, 27 (1): 146 – 154.

[62] 李勇刚. 土地资源错配阻碍了经济高质量发展吗?——基于中国 35 个大中城市的实证研究 [J]. 南京社会科学, 2019 (10): 35 – 42.

[63] 李永友, 王焱. 优质高等教育享有机会公平性研究——基于浙江高校的调查分析 [J]. 财贸经济, 2016, 37 (1): 48 – 60.

[64] 梁琦, 陈强远, 王如玉. 户籍改革、劳动力流动与城市层级体系优化 [J]. 中国社会科学, 2013 (12): 36 – 59.

[65] 林春艳, 孔凡超, 孟祥艳. 人力资本对产业结构转型升级的空间效应研究——基于动态空间 Durbin 模型 [J]. 经济与管理评论, 2017, 33 (6): 122 – 129.

[66] 林江, 周少君, 魏万青. 城市房价、住房产权与主观幸福感 [J]. 财贸经济, 2012 (5): 116 – 122.

[67] 刘程, 王仁曾. 房价上涨会抑制地区产业结构升级吗? [J]. 产业经济研究, 2019 (2): 102 – 113.

[68] 刘宏, 明瀚翔, 赵阳. 财富对主观幸福感的影响研究——基于微观数据的实证分析 [J]. 南开经济研究, 2013 (4): 95 – 110.

[69] 刘竞. 产业转型升级过程中投资驱动的国际经验比较及启示 [J]. 北京金融评论, 2016 (2): 141 – 150.

[70] 刘军强, 熊谋林, 苏阳. 经济增长时期的国民幸福感——基于 CGSS 数据的追踪研究 [J]. 中国社会科学, 2012 (12): 82 – 102.

[71] 刘伟, 张辉, 黄泽华. 中国产业结构高度与工业化进程和地区差异的考察 [J]. 经济学动态, 2008 (11): 4 – 8.

[72] 刘艺容. 消费增长与城市化互动关系研究: 基于消费集聚的视

角［M］．长沙：湖南人民出版社，2008．

［73］刘长庚．增强消费对经济发展的基础性作用［J］．经济理论与经济管理，2018（2）：10－12．

［74］卢卫．试论消费城市［J］．消费经济，1986（4）：34－38．

［75］陆铭．玻璃幕墙下的劳动力流动——制度约束、社会互动与滞后的城市化［J］．南方经济，2011（6）：23－37．

［76］陆铭．大国大城——当代中国的统一、发展与平衡［M］．上海：上海人民出版社，2016．

［77］李正明．加强对公共产品消费的研究［J］．消费经济，2009，25（6）：58－60．

［78］罗超平，张梓榆，王志章．金融发展与产业结构升级：长期均衡与短期动态关系［J］．中国软科学，2016（5）：21－29．

［79］马红鸽，席恒．收入差距、社会保障与提升居民幸福感和获得感［J］．社会保障研究，2020（1）：86－98．

［80］马凌，李丽梅，朱竑．中国城市舒适物评价指标体系构建与实证［J］．地理学报，2018，73（4）：755－770．

［81］马凌．城市舒适物视角下的城市发展：一个新的研究范式和政策框架［J］．山东社会科学，2015（2）：13－20．

［82］马万超，王湘红，李辉．收入差距对幸福感的影响机制研究［J］．经济学动态，2018（11）：74－87．

［83］马晓君．环境"二维化"视角下的居民幸福感量化研究：来自中国CGSS数据的新证据［J］．统计研究，2019（9）：56－67．

［84］马小红，段成荣，郭静．四类流动人口的比较研究［J］．中国人口科学，2014（5）：36－46．

［85］马志远，刘珊珊．中国国民幸福感的"镜像"与"原像"——基于国内外权威数据库的相互辅证与QCA适配路径分析［J］．经济学家，2019（10）：46－57．

［86］毛军，刘建民．财税政策下的产业结构升级非线性效应研究［J］．产业经济研究，2014（6）：21－30．

［87］毛中根，洪涛．中国服务业发展与城镇居民消费关系的实证分析［J］．财贸经济，2012（12）：125－133．

［88］毛中根，叶胥．全面建成小康社会与中国居民消费发展［J］．南京大学学报（哲学·人文科学·社会科学），2016，53（3）：53－61．

［89］欧阳峣，傅元海，王松．居民消费的规模效应及其演变机制［J］．经济研究，2016，51（2）：56－68．

［90］潘静，陈广汉．家庭决策、社会互动与劳动力流动［J］．经济评论，2014（3）：40－50．

［91］潘闽，张自然．环境质量、区域经济分化和经济增长［J］．经济与管理研究，2019，40（3）：71－85．

［92］钱水土，周永涛．金融发展、技术进步与产业升级［J］．统计研究，2011（1）：68－74．

［93］钱晓烨，迟巍，黎波．人力资本对我国区域创新及经济增长的影响——基于空间计量的实证研究［J］．数量经济技术经济研究，2010，27（4）：107－121．

［94］任栋．劳动力流动视角下经济集聚与产业结构升级关系研究［J］．内蒙古社会科学（汉文版），2015，36（2）：84－89．

［95］尚蕾，杨兴柱．国外舒适性研究综述［J］．云南地理环境研究，2017，29（3）：6－16．

［96］盛骤，谢式千，潘承毅．概率论与数理统计，第四版［M］．北京：高等教育出版社，2008．

［97］师博 张冰瑶．全国地级以上城市经济高质量发展测度与分析［J］．社会科学研究，2019（3）：19－27．

［98］石奇，尹敬东，吕磷．消费升级对中国产业结构的影响［J］．产业经济研究，2009（6）：7－12．

［99］苏杭，郑磊，牟逸飞．要素禀赋与中国制造业产业升级——基于Wiod和中国工业企业数据库的分析［J］．管理世界，2017（4）：70－79．

［100］孙海波，焦翠红，林秀梅．人力资本集聚对产业结构升级影响的非线性特征——基于PSTR模型的实证研究［J］．经济科学，2017（2）：5－17．

［101］孙平军，吕飞，修春亮，谢存旭．新型城镇化下中国城市土地节约集约利用的基本认知与评价［J］．经济地理，2015，35（8）：178－183．

［102］孙三百，黄薇，洪俊杰，王春华．城市规模、幸福感与移民空间优化［J］．经济研究，2014（1）：97－111．

［103］孙伟增，郑思齐．住房与幸福感：从住房价值、产权类型和入市时间视角的分析［J］．经济问题探索，2013（3）：1－9．

[104] 覃一冬，张先锋，满强．城市规模与居民主观幸福感——来自CGSS 的经验证据 [J]．财贸研究，2014，25（4）：11 - 17．

[105] 汤韵，梁若冰．中国省际居民迁移与地方公共支出——基于引力模型的经验研究 [J]．财经研究，2009（11）：16 - 25．

[106] 陶涛，杨凡，张浣珺，赵梦晗．家庭幸福发展指数构建研究 [J]．人口研究，2014（1）：63 - 76．

[107] 陶长琪，彭永樟．经济集聚下技术创新强度对产业结构升级的空间效应分析 [J]．产业经济研究，2017（3）：91 - 103．

[108] 唐志鹏．中国省域资源环境的投入产出效率评价 [J]．地理研究，2018，37（8）：1515 - 1527．

[109] 童蕊，李新亮．基于舒适物理论的高新技术开发区人才政策体系分析 [J]．江汉大学学报（社会科学版），2015，32（4）：23 - 28．

[110] 童玉芬，王莹莹．中国流动人口的选择：为何北上广如此受青睐？——基于个体成本收益分析 [J]．人口研究，2015，39（4）：49 - 56．

[111] 汪明峰，孙莹．全球化与中国时尚消费城市的兴起 [J]．地理研究，2013，32（12）：2334 - 2345．

[112] 汪伟，刘玉飞，彭冬冬．人口老龄化的产业结构升级效应研究 [J]．中国工业经济，2015（11）：47 - 61．

[113] 王桂新，潘泽瀚，陆燕秋．中国省际人口迁移区域模式变化及其影响因素——基于 2000 年和 2010 年人口普查资料的分析 [J]．中国人口科学，2012（5）：2 - 13．

[114] 王坤鹏．城市人居环境宜居度评价——来自我国四大直辖市的对比与分析 [J]．经济地理，2010，30（12）：1992 - 1997．

[115] 王丽艳，薛颖，王振坡．城市更新、创新街区与城市高质量发展 [J]．城市发展研究，2020，27（1）：67 - 74．

[116] 王宁．城市舒适物与社会不平等 [J]．西北师大学报（社会科学版），2010，47（5）：1 - 8．

[117] 王宁．城市舒适物与消费型资本——从消费社会学视角看城市产业升级 [J]．兰州大学学报（社会科学版），2014（1）：1 - 7．

[118] 王宁．地方消费主义、城市舒适物与产业结构优化——从消费社会学视角看产业转型升级 [J]．社会学研究，2014（4）：24 - 48．

[119] 王思博．中国居民主观幸福感结构剖析与评价——基于

CGSS2013 数据的实证研究 [J]. 当代经济科学, 2018 (5): 66 - 74.

[120] 王先柱. 建立公开规范的住房公积金制度研究 [M]. 北京: 经济科学出版社, 2020.

[121] 王心蕊, 孙九霞. 城市居民休闲与主观幸福感研究: 以广州市为例 [J]. 地理研究, 2019 (7): 1566 - 1580.

[122] 王延中, 龙玉其, 江翠萍, 徐强. 中国社会保障收入再分配效应研究——以社会保险为例 [J]. 经济研究, 2016 (2): 4 - 15.

[123] 王艳萍. 幸福经济学研究新进展 [J]. 经济学动态, 2017 (10): 128 - 144.

[124] 王有兴, 杨晓妹. 公共服务与劳动力流动——基于个体及家庭异质性视角的分析 [J]. 广东财经大学学报, 2018 (4): 62 - 74.

[125] 王裕国. 深刻领悟社会主要矛盾新论断, 开拓消费经济研究新视野——党的十九大报告学习体会 [J]. 湘潭大学学报 (哲学社会科学版), 2018, 42 (2): 67 - 73.

[126] 温婷, 蔡建明, 杨振山. 国外城市舒适性研究综述与启示 [J]. 地理科学进展, 2014, 33 (2): 249 - 258.

[127] 温婷, 林静, 蔡建明. 城市舒适性: 中国城市竞争力评估的新视角及实证研判 [J]. 地理研究, 2016, 35 (2): 214 - 226.

[128] 温婷. 舒适性视角下的传统工业城市更新与转型策略——以芝加哥中心区为例 [J]. 城乡建设, 2019 (9): 72 - 74.

[129] 温忠麟, 叶宝娟. 中介效应分析: 方法和模型发展 [J]. 心理科学进展, 2014, 22 (5): 731 - 745.

[130] 温忠麟, 张雷, 侯杰泰. 中介效应检验程序及其应用 [J]. 心理学报, 2004, 36 (5): 614 - 620.

[131] 吴敬琏. 中国增长模式抉择 (增订版) [M]. 上海: 上海远东出版社, 2008.

[132] 吴军, 张娇. 北京文化参与的特点、挑战与政策思考——基于文化舒适物的实证分析 [J]. 文化软实力研究, 2018, 3 (6): 75 - 86.

[133] 吴军. 大城市发展的新行动战略: 消费城市 [J]. 学术界, 2014 (2): 82 - 90.

[134] 吴志明, 马秀莲. 文化转向: 大学毕业生城市流动的新逻辑 [J]. 当代青年研究, 2015 (1): 88 - 93.

[135] 武优勐, 毛中根, 朱雨可. 城市的消费集聚效应影响劳动力流

入吗?——基于 35 个大中城市面板数据的分析 [J]. 经济与管理研究, 2019 (1): 75 - 85.

[136] 习近平. 决胜全面建成小康社会夺取新时代中国特色社会主义伟大胜利——在中国共产党第十九次全国代表大会上的报告 [M]. 北京: 人民出版社, 2017.

[137] 夏杰长, 倪红福. 中国经济增长的主导产业: 服务业还是工业? [J]. 南京大学学报 (哲学·人文科学·社会科学), 2016, 53 (3): 43 - 52.

[138] 夏怡然, 陆铭. 城市间的 "孟母三迁" ——公共服务影响劳动力流向的经验研究 [J]. 管理世界, 2015 (10): 78 - 90.

[139] 夏怡然, 苏锦红, 黄伟. 流动人口向哪里集聚? ——流入地城市特征及其变动趋势 [J]. 人口与经济, 2015 (3): 13 - 22.

[140] 肖志勇. 人力资本、空间溢出与经济增长——基于空间面板数据模型的经验分析 [J]. 财经科学, 2010 (3): 61 - 68.

[141] 许岩, 宋瑛. 城市人力资本扩张与中国居民的 "幸福反弹" [J]. 当代经济科学, 2020 (2): 1 - 19.

[142] 徐杨菲. 城市空间中的消费活力与区位价值: 影响因素与作用机制 [D]. 北京: 清华大学, 2017.

[143] 颜色, 郭凯明, 杭静. 需求结构变迁、产业结构转型和生产率提高 [J]. 经济研究, 2018 (12): 83 - 96.

[144] 阳义南, 章上峰. 收入不公平感、社会保险与中国国民幸福 [J]. 金融研究, 2016 (8): 34 - 50.

[145] 杨刚强, 孟霞, 孙元元, 范斐. 家庭决策、公共服务差异与劳动力转移 [J]. 宏观经济研究, 2016 (6): 105 - 117.

[146] 杨明海, 张红霞, 孙亚男. 七大城市群创新能力的区域差距及其分布动态演进 [J]. 数量经济技术经济研究, 2017 (3): 22 - 40.

[147] 杨巧, 陈诚, 张可可. 收入差距、住房状况与居民幸福感——基于 CGSS2003 和 CGSS2013 的实证 [J]. 西北人口, 2018, 39 (5): 11 - 20.

[148] 杨天宇, 陈明玉. 消费升级对产业迈向中高端的带动作用: 理论逻辑和经验证据 [J]. 经济学家, 2018 (11): 48 - 54.

[149] 杨晓军. 户籍制度改革对大城市劳动力流入的影响——以中国的 123 个大城市为例 [J]. 城市问题, 2017 (1): 68 - 75.

[150] 杨义武，林万龙，张莉琴. 地方公共品供给与人口迁移——来自地级及以上城市的经验证据 [J]. 中国人口科学，2017 (2)：95-105.

[151] 叶建亮. 公共产品歧视性分配政策与城市人口控制 [J]. 经济研究，2006 (11)：27-36.

[152] 叶晓倩，陈伟. 我国城市对科技创新人才的综合吸引力研究——基于舒适物理论的评价指标体系构建与实证 [J]. 科学学研究，2019，37 (8)：1375-1384.

[153] 叶胥. 消费城市研究：内涵、机制及测评 [D]. 成都：西南财经大学，2016.

[154] 易华. 创意阶层理论研究述评 [J]. 外国经济与管理，2010 (3)：63-67.

[155] 易信，刘凤良. 金融发展、技术创新与产业结构转型——多部门内生增长理论分析框架 [J]. 管理世界，2015 (10)：24-39.

[156] 殷金朋，陈永立，倪志良. 公共教育投入、社会阶层与居民幸福感——来自微观混合横截面数据的经验证据 [J]. 南开经济研究，2019 (2)：147-167.

[157] 尹靖华，韩峰. 市场潜力、厚劳动力市场与城市就业 [J]. 财贸经济，2019，40 (4)：146-160.

[158] 尹世杰. 关于维护消费者权益几个问题 [J]. 河北学刊，1985 (6)：18-23.

[159] 尹世杰. 关于消费环境的几个问题 [J]. 消费经济，2006 (2)：9-12.

[160] 尹世杰. 消费需要论 [M]. 长沙：湖南出版社，1993.

[161] 尤济红. 人力资本、产业结构与城市劳动生产率 [J]. 山西财经大学学报，2019，41 (8)：71-83.

[162] 于斌斌. 产业结构调整如何提高地区能源效率？——基于幅度与质量双维度的实证考察 [J]. 财经研究，2017 (1)：86-97.

[163] 于斌斌. 金融集聚促进了产业结构升级吗：空间溢出的视角——基于中国城市动态空间面板模型的分析 [J]. 国际金融研究，2017 (2)：14-25.

[164] 于斌斌. 中国城市群产业集聚与经济效率差异的门槛效应研究 [J]. 经济理论与经济管理，2015，35 (3)：60-73.

[165] 于伟，吕晓，宋金平. 山东省城镇化包容性发展的时空格局

[J]．地理研究，2018，37（2）：319－332.

[166] 喻忠磊，唐于渝，张华．中国城市舒适性的空间格局与影响因素 [J]．地理研究，2016，35（9）：52.

[167] 袁航，朱承亮．国家高新区推动了中国产业结构转型升级吗 [J]．中国工业经济，2018（8）：60－77.

[168] 袁小慧，范金，王凯．新一轮科技革命背景下居民消费升级对中国产业转型影响研究 [J]．新疆社会科学，2015，199（6）：17－23.

[169] 原毅军，谢荣辉．环境规制的产业结构调整效应研究——基于中国省际面板数据的实证检验 [J]．中国工业经济，2014（8）：57－69.

[170] 臧新，赵炯．外资区域转移背景下 FDI 对我国劳动力流动的影响研究 [J]．数量经济技术经济研究，2016，33（3）：78－94.

[171] 张国强，温军，汤向俊．中国人力资本、人力资本结构与产业结构升级 [J]．中国人口·资源与环境，2011，21（10）：138－146.

[172] 张海峰，林细细，梁若冰．城市生态文明建设与新一代劳动力流动——劳动力资源竞争的新视角 [J]．中国工业经济，2019，373（4）：83－99.

[173] 张莉，何晶，马润泓．房价如何影响劳动力流动？ [J]．经济研究，2017（8）：157－172.

[174] 张平，张鹏鹏．房价、劳动力异质性与产业结构升级 [J]．当代经济科学，2016，38（2）：87－93.

[175] 张同斌，高铁梅．财税政策激励、高新技术产业发展与产业结构调整 [J]．经济研究，2012（5）：58－70.

[176] 张卫民，安景文，韩朝．熵值法在城市可持续发展评价问题中的应用 [J]．数量经济技术经济研究，2003，20（6）：115－118.

[177] 张文忠．宜居城市的内涵及评价指标体系探讨 [J]．城市规划学刊，2007（3）：30－34.

[178] 张文忠．宜居城市建设的核心框架 [J]．地理研究，2016，35（2）：205－213.

[179] 张兴祥，钟威，洪永淼．国民幸福感的指标体系构建与影响因素分析 [J]．统计研究，2018（11）：3－13.

[180] 张学志，才国伟．收入、价值观与居民幸福感——来自广东成人调查数据的经验证据 [J]．管理世界，2011（9）：63－73.

[181] 张雅欣，孙大鑫．人口流动如何影响主观幸福感——基于主观

社会地位的中介效应 [J]. 系统管理学报, 2019 (11): 1029 - 1040.

[182] 张燕萍, 李晋芬, 张志琴. 太原市颗粒物空气污染与居民每日门诊率的暴露 - 反应关系 [J]. 环境与健康杂志, 2008 (6): 479 - 482.

[183] 张圆刚, 黄业坚, 程静静, 余向洋, 陈希. 城市居民压力源对幸福感的影响研究——基于乡村旅游休闲参与的角度 [J]. 地理研究, 2019 (4): 971 - 987.

[184] 张子豪, 谭燕芝. 社会保险与中国国民幸福感 [J]. 金融经济学研究, 2018 (3): 116 - 128.

[185] 赵昌文, 许召元, 朱鸿鸣. 工业化后期的中国经济增长新动力 [J]. 中国工业经济, 2015 (6): 44 - 54.

[186] 赵勇, 魏后凯. 政府干预、城市群空间功能分工与地区差距——兼论中国区域政策的有效性 [J]. 管理世界, 2015 (8): 14 - 29.

[187] 郑丹. 城市便利性与城市集聚发展: 基于联立方程模型的实证分析 [J]. 数学的实践与认识, 2019, 49 (2): 68 - 77.

[188] 郑方辉, 卢扬帆, 覃雷. 公众幸福指数: 为什么幸福感高于满意度? [J]. 公共管理学报, 2015 (2): 68 - 82.

[189] 郑杭生, 陆益龙. 开放、改革与包容性发展——大转型大流动时期的城市流动人口管理 [J]. 学海, 2011 (6): 76 - 80.

[190] 钟陆文. 基于消费者剩余视角的适宜消费城市评价指标体系构建 [J]. 消费经济, 2017, 33 (5): 44 - 49.

[191] 周芳如, 吴晋峰, 吴潘, 等. 中国主要入境旅游城市交通通达性对比研究 [J]. 旅游学刊, 2016, 43 (2): 12 - 22.

[192] 周京奎. 城市舒适性与住宅价格、工资波动的区域性差异——对 1999 - 2006 中国城市面板数据的实证分析 [J]. 财经研究, 2009, 35 (9): 80 - 91.

[193] 周颖刚, 蒙莉娜, 林雪萍. 城市包容性与劳动力的创业选择——基于流动人口的微观视角 [J]. 财贸经济, 2020, 41 (1): 129 - 144.

[194] 朱鹏, 姚亦锋, 张培刚. 基于人的"需求层次"理论的"宜居城市"评价指标初探 [J]. 河南科学, 2006, 24 (1): 134 - 137.

[195] 朱雨可, 赵佳, 邹红. 新时代人民美好生活消费需要的内涵及维度 [J]. 消费经济, 2018, 34 (4): 18 - 25.

[196] Ahlfeldt G M, Maennig W. Substitutability and Complementarity of Urban Amenities: External Effects of Built Heritage in Berlin [J]. Real Estate

Economics, 2010, 38 (2): 285 - 323.

[197] Alesina A, Tella R D, MacCulloch R. Inequality and happiness: are Europeans and Americans different? [J]. Journal of Public Economics, 2004, 88 (9): 2009 - 2042.

[198] Alonso William. The Economics of Urban Size [J]. Papers in Regional Science, 1971, 26 (1): 66 - 83.

[199] Arnott R. Optimal city size in a spatial economy [J]. Journal of Urban Economics, 1979, 6 (1): 65 - 89.

[200] Arthur W B. Increasing returns and the new world of business [J]. Harvard Business Review, 1996, 74 (4): 100 - 109.

[201] Bayoh I, Boarnet M G, Kahn M. Determinants of Residential Location Choice: How Important Are Local Public Goods in Attracting Homeowners to Central City Locations? [J]. Journal of Regional Science, 2010, 46 (1): 97 - 120.

[202] Belotti F, Hughes G, Mortari A P. Spatial panel data models using Stata [J]. Stata Journal, 2017, 17 (1): 139 - 180.

[203] Benson E D, Hansen J L, Schwartz A L. Pricing Residential Amenities: The Value of a View [J]. The Journal of Real Estate Finance and Economics, 1998, 16 (1): 55 - 73.

[204] Bertram-Hümmer, Veronika, Baliki G. The Role of Visible Wealth for Deprivation [J]. Social Indicators Research, 2015, 124 (3): 765 - 783.

[205] Bing E, Lijing Y. Industrial Structure Optimization and Upgrading Theory Research in Central City [J]. Urban Studies, 2012 (6): 1164 - 1173.

[206] Bjørnskov C, Dreher A, Fischer J A V. The bigger the better? Evidence of the effect of government size on life satisfaction around the world [J]. Public Choice, 2007, 130 (3 - 4): 267 - 292.

[207] Black D, Gates G, Sanders S. Why Do Gay Men Live in San Francisco? [J]. Journal of Urban Economics, 2002, 51 (1): 54 - 76.

[208] Blanchflower D G, Oswald A J, Clark A. Well-Being Over Time in Britain and the USA [J]. Journal of Public Economics, 2004, 88 (7): 1359 - 1386.

［209］ Boualam B. Does culture affect local productivity and urban amenities? ［J］. Regional science and urban economics, 2014, 46 (5): 12 – 17.

［210］ Brueckner J K, Thisse J F, Zenou Y. Why Is Central Paris Rich and Downtown Detroit Poor? An Amenity-based Theory ［J］. Core Discussion Papers Rp, 1999, 43 (1): 91 – 107.

［211］ Brunekreef B, Holgate S T. Air pollution and health ［M］. Air pollution and health, 1999.

［212］ Buckman S, Trivers I, Kayanan C M. Hope for new communities as an alternative to sprawl?: Insights from developer perceptions of amenities in future new communities in the U. S. and U. K ［J］. Land Use Policy, 2017 (60): 233 – 241.

［213］ Carlino G A, Saiz A. City Beautiful: Revealed Preferences for Amenities and Urban Growth. Institute For The Study Of Labor ［N］. Working paper, 2008.

［214］ Cebula R, Vedder R. A Note on Migration, Economic Opportunity, and the Quality of Life ［J］. MPRA Paper, 1972, 13 (2): 205 – 211.

［215］ Chen Y, Rosenthal S S. Local amenities and life-cycle migration: Do people move for jobs or fun? ［J］. Journal of Urban Economics, 2008, 64 (3): 519 – 537.

［216］ Cheng Z, King S P, Smyth R. Housing property rights and subjective wellbeing in urban China ［J］. European Journal of Political Economy, 2016 (45): 160 – 174.

［217］ Cheng T, Oswald A. J, Powdthavee N. Longitudinal Evidence for a Midlife Nadir in Human Well-being: Results from Four Data Sets ［J］. Economic Journal, 2015, 127 (599): 126 – 142.

［218］ Cheong T S, Wu Y. The Impacts of Structural Transformation and Industrial Upgrading On Regional Inequality in China ［J］. China Economic Review, 2014 (31): 339 – 350.

［219］ Clark A E, Oswald A J. Unhappiness and Unemployment ［J］. Economic Journal, 1994, 104 (424): 648 – 659.

［220］ Clark A E. Four Decades of the Economics of Happiness: Where Next? ［J］. Review of Income and Wealth, 2018, 64 (2): 245 – 269.

［221］ Clark A E. Job Satisfaction in Britain ［J］. British Journal of Industrial Relations, 1996, 34 (2): 189 – 217.

[222] Clark A E. Unemployment As A Social Norm: Psychological Evidence from Panel Data [J]. Journal of Labor Economics, 2003, 21 (2): 323 – 351.

[223] Clark D E, Hunter W J. The impact of economic opportunity, amenities and fiscal factors on age-specific migration rates [J]. Journal of Regional Science, 1992, 32 (3): 349 – 365.

[224] Clark T N, Lloyd R, Wong K K. Amenities Drive Urban Growth [J]. Journal of Urban Affairs, 2002, 24 (5): 493 – 515.

[225] Clark T N. The City as an Entertainment Machine [M]. New York: Elsevier, 2004.

[226] Crozet M. Do Migrants Follow Market Potentials [J]. Journal of Economic Geography, 2004 (4): 107 – 128.

[227] Dahlberg M, Eklöf M, Fredriksson P. Estimating preferences for local public services using migration data [J]. Urban Studies, 2012 (2): 319 – 336.

[228] Day K M. Interprovincial migration and local public goods [J]. Canadian Journal of Economics Revue Canadienne Déconomique, 1992 (1): 123 – 144.

[229] Deaton A. Income, Aging, Health and Well-Being around the World: Evidence from the Gallup World Poll [J]. NBER Chapters, 2008, 22 (2): 53 – 72.

[230] Deller S C, Tsai T H, English M D B K. The Role of Amenities and Quality of Life in Rural Economic Growth [J]. American Journal of Agricultural Economics, 2001, 83 (2): 352 – 365.

[231] Di Tella R, Macculloch R J, Oswald A J. Preferences over Inflation and Unemployment: Evidence from Surveys of Happiness [J]. American Economic Review, 2001, 91 (1): 335 – 341.

[232] Diener E, Suh E M, Lucas R E. Subjective Well-Being: Three Decades of Progress [J]. Psychological Bulletin, 1999, 125 (2): 276 – 302.

[233] Easterlin R A. Will raising the incomes of all increase the happiness of all? [J]. Journal of Economic Behavior and Organization, 1995, 27 (1):

35 – 47.

[234] Elhorst, Paul J. Applied Spatial Econometrics: Raising the Bar [J]. Spatial Economic Analysis, 2010, 5 (1): 9 – 28.

[235] Edward J, Malecki. Industrial Location and Corporate Organization in High Technology Industries [J]. Economic Geography, 1985, 61 (4): 345 – 369.

[236] Ferreira S, Moro M. On the Use of Subjective Well-Being Data for Environmental Valuation [J]. Environmental and Resource Economics, 2010, 46 (3): 249 – 273.

[237] Ferrer-I-Carbonell A, Gowdy J M. Environmental degradation and happiness [J]. Ecological Economics, 2007, 60 (3): 509 – 516.

[238] Fleming C M, Cook A. The recreational value of Lake McKenzie, Fraser Island: An application of the travel cost method [J]. Tourism management, 2007, 29 (6): 1197 – 1205.

[239] Flippen C. Relative Deprivation and Internal Migration in the United States: A Comparison of Black and White Men [J]. American Journal of Sociology, 2013, 118 (5): 1161 – 1198.

[240] Florida R. The Economic Geography of Talent [J]. Annals of the Association of American Geographers, 2002, 92 (4): 743 – 755.

[241] Florida R, Gates G. Technology and Tolerance: The Importance of Diversity to High-Tech Growth [J]. Research in Urban Policy, 2003 (9): 199 – 219.

[242] Florida R, Mellander C, Stolarick K. Inside the black box of regional development—human capital, the creative class and tolerance [J]. Social Science Electronic Publishing, 2008, 8 (5): 615 – 649.

[243] Florida R. The Rise of the Creative Class [M]. New York: Basic Books, 2002.

[244] Florida R. Bohemia and economic geography [J]. Journal of Economic Geography, 2002, 2 (1): 55 – 71.

[245] Gereffi G. International Trade and Industrial Upgrading in the Apparel Commodity Chain [J]. Journal of International Economics, 1999, 48 (1): 37 – 70.

[246] Glaeser E L, Gottlieb J D. Urban resurgence and the consumer city

[J]. Urban studies, 2006, 43 (8): 1275 – 1299.

[247] Glaeser E L, Kolko J, Saiz A. Consumers and Cities [J]. Research in Urban Policy, 2003, 9 (3): 177 – 183.

[248] Glaeser E L, Kolko J, Saiz A. Consumer city [J]. Social Science Electronic Publishing, 2001, 1 (7790): 27 – 50.

[249] Glaeser E L, Scheinkman J A. Economic Growth in a Cross-Section of Cities [J]. Harvard Institute of Economic Research Working Papers, 1993, 36 (1): 117 – 143.

[250] Glaeser E L. Are Cities Dying? [J]. Journal of Economic Perspectives, 1998, 12 (2): 139 – 160.

[251] Glaeser E L. Learning in Cities [J]. Journal of Urban Economics, 2000, 46 (46): 254 – 277.

[252] Glazer A, Gradstein M, Ranjan P. Consumption variety and urban agglomeration [J]. Regional Science and Urban Economics, 2003, 33 (6): 653 – 661.

[253] Gottlieb P D. Amenities as an Economic Development Tool: Is there Enough Evidence? [J]. Economic Development Quarterly, 1994, 8 (3): 270 – 285.

[254] Gottlieb P D. Residential Amenities, Firm Location and Economic Development [J]. Urban Studies, 1995, 32 (9): 1413 – 1436.

[255] Graaff TD, Raspe O. Consumer city or production city? Market areas and density effects in the Netherlands [J]. Working Paper, 2013: 1 – 19.

[256] Graves P E. A reexamination of migration, economic opportunity, and the quality of life [J]. MPRA Paper, 1976, 16 (1): 107 – 112.

[257] Greenwood M J. Research on Internal Migration in the United States: A Survey [J]. Journal of Economic Literature, 1975, 13 (2): 397 – 433.

[258] Gruen C, Hauser W, Rhein T. Is Any Job Better than No Job? Life Satisfaction and Re-employment [J]. Journal of Labor Research, 2010, 31 (3): 285 – 306.

[259] Haining W, Zhiming C, Russel S. Consumption and happiness [J]. The Journal of Development Studies, 2017, 55 (1): 120 – 136.

[260] Hausman J A, Ostro B D, Wise D A. Air pollution and lost work [J]. National Bureau of Economic Re-search, Working Paper, 1984: 1263.

[261] Hayes A F. Beyond Baron and Kenny: Statistical mediation analysis in the new millennium [J]. Communication Monographs, 2009, 76 (4): 408 – 420.

[262] Helliwell J F, Huang H. How's Your Government? International Evidence Linking Good Government and Well-Being [J]. British Journal of Political Science, 2008, 38 (4): 595 – 619.

[263] Hilbe J. Negative Binomial Regression (second edition) [M]. New York: Cambridge University Press, 2011.

[264] Hirschman A O. The changing tolerance for income inequality in the course of economic development [J]. World Development, 1973, 1 (4): 544 – 566.

[265] Hoch I. Income and City Size [J]. Urban Studies, 1972, 9 (3): 299 – 328.

[266] Hu F. Homeownership and subjective wellbeing in urban China: Does owning a house make you happier? [J]. Social Indicators Research, 2013, 110 (3): 951 – 971.

[267] Hu M, Ye W. Home Ownership and Subjective Wellbeing: A Perspective from Ownership Heterogeneity [J]. Journal of Happiness Studies, 2019. //doi: 10. 1007/s10902 – 019 – 00120-y.

[268] Humphrey J, Schmitz H. How Does Insertion in Global Value Chains Affect Upgrading in Industrial Clusters? [J]. Regional Studies, 2002, 36 (9): 1017 – 1027.

[269] Kaltenborn R B B P. The Amenity Migrants: Seeking and Sustaining Mountains and Their Culturesby Laurence A. G. Moss [J]. Mountain Research and Development, 2007, 27 (2): 182 – 183.

[270] Kaswanto. Land Suitability for Agrotourism Through Agriculture, Tourism, Beautification and Amenity (ATBA) Method [J]. Procedia Environmental Sciences, 2015, 24: 35 – 38.

[271] Knapp T A, Graves P E. On the role of amenities in models of migration and regional development [J]. Journal of Regional Science, 1989, 29 (1): 71 – 87.

[272] Kong F, Yin H, NAKAGOSHI. Using GIS and landscape metrics in the hedonic price modeling of the amenity value of urban green space: A case

study in Jinan City, China [J]. Landscape and Urban Planning, 2007, 79 (3): 240 - 252.

[273] Krekel C, Kolbe J, Wüstemann, Henry. The greener, the happier? The effect of urban land use on residential well-being [J]. Ecological Economics, 2016, 121: 117 - 127.

[274] Kruger J, Mowen A J, Librett J. Recreation, Parks, and the Public Health Agenda: Developing Collaborative Surveillance Frameworks to Measure Leisure Time Activity and Active Park Use [J]. Journal of Physical Activity and Health, 2007, 4 (1): 14 - 23.

[275] Lee E S. A theory of migration [J]. Demography, 1966 (1): 47 - 57.

[276] Lee S. Ability sorting and consumer city [J]. Journal of Urban Economics, 2010, 68 (1): 20 - 33.

[277] Lei X, Shen Y, Smith J P. Life satisfaction in China and consumption and income inequalities [J]. Review of Economics of the Household, 2017, 16 (1): 75 - 95.

[278] LeSage J. P, Pace R. K. Introduction to Spatial Econometrics [M]. New York: CRC Press, 2009.

[279] Liu B C. Variations in economic quality of life indicatorsin the U. S. A. : An interstate observation over time [J]. Mathematical Social Sciences, 1983, 5 (1): 107 - 120.

[280] Lucas R E. On The Mechanics Of Economic Development [J]. Journal of Monetary Economics, 1989, 22 (1): 3 - 42.

[281] Luechinger S. Valuing Air Quality Using the Life Satisfaction Approach [J]. Economic Journal, 2009, 119 (536), 482 - 515.

[282] Lueptow L B, Garovich-Szabo L, Lueptow M B. Social Change and The Persistence of Sex Typing: 1974 - 1997 [J]. Social Forces, 2001, 80 (1): 1 - 36.

[283] Maas J. Green space, urbanity, and health: how strong is the relation? [J]. Journal of Epidemiology and Community Health, 2006, 60 (7): 587 - 592.

[284] Mackinnon D P, Lockwood C M, Williams J. Confidence Limits for the Indirect Effect: Distribution of the Product and Resampling Methods

[J]. Multivariate Behavioral Research, 2004, 39 (1): 99 – 128.

[285] Malecki E J, Bradbury S L. R&D Facilities and Professional Labour: Labour Force Dynamics in High Technology [J]. Regional Studies, 1992, 26 (2): 123 – 136.

[286] Maslow A. H. A theory of human motivation [J]. Psychological Review, 1943, 50 (4): 370 – 396.

[287] McFadden D. L. Conditional Logit Analysis of Qualitative Choice Behavior [M]. Frontiers in Econometrics, NewYork: Academic Press, 1974.

[288] Mellander C, Florida R, Rentfrow J. The creative class, post-industrialism and the happiness of nations [J]. Cambridge Journal of Regions Economy and Society, 2012, 5 (1): 31 – 43.

[289] Mousteri V, Daly M, Delaney L. The scarring effect of unemployment on psychological well-being across Europe [J]. Social Science Research, 2018, 72: 146 – 169.

[290] Mulligan G F, Carruthers J I. Amenities, Quality of Life, and Regional Development [M]. Investigating Quality of Urban Life. Springer Netherlands, 2011.

[291] Nestor M, Arguea. Market Values of Environmental Amenities: A Latent Variable Approach [J]. Journal of Housing Economics, 2000, 9 (1 – 2): 104 – 126.

[292] Noonan D. S. Finding an Impact of Preservation Policies: Price Effects of Historic Landmarks on Attached Homes in Chicago, 1990 – 1999 [J]. Economic Development Quarterly, 2007, 21 (1): 17 – 33.

[293] Nzaku K. , Bukenya J. Examining the relationship between quality of life amenities and economic development in the southeast USA [J]. Review of Urban and Regional Development Studies, 2005, 17 (2): 89 – 103.

[294] Oates W E. The Effects of Property Taxes and Local Public Spending on Property Values: An Empirical Study of Tax Capitalization and the Tiebout Hypothesis [J]. Journal of Political Economy, 1969 (6): 957 – 971.

[295] Ogawa H. Preference for Product Variety and City Size [J]. Urban Studies, 1998, 35 (1): 45 – 51.

[296] Ostro B D. The effects of air pollution on work loss and morbidity

[J]. Journal of Environmental Economics and Management, 1983, 10 (4): 371 – 382.

[297] Partridge M D. The duelling models: NEG vs amenity migration in explaining US engines of growth [J]. Papers in Regional Science, 2010, 89 (3): 513 – 536.

[298] Patrick Flavin, Alexander C. Pacek, Benjamin Radcliff, Assessing the Impact of the Size and Scope of Government on Human Well-Being [J]. Social Forces, 2014, 92 (4): 1241 – 1258.

[299] Plane J, Klodawsky F. Neighbourhood amenities and health: Examining the significance of a local park [J]. Social Science & Medicine, 2013, 99: 1 – 8.

[300] Poudyal N C, Hodges D G, Bowker J M, et al. Evaluating natural resource amenities in a human life expectancy production function [J]. Forest Policy and Economics, 2009, 11 (4): 253 – 259.

[301] Preacher K J, Hayes A F. Asymptotic And Resampling Strategiesfor Assessing And Comparing Indirect Effects in Multiple Mediator Models [J]. Behavior Research Methods, 2008, 40 (3): 879 – 891.

[302] Pyatt G. On the Interpretation and Disaggregation of Gini Coefficients [J]. The Economic Journal, 1976, 86 (6): 243 – 255.

[303] Rabe B, Taylor M P. Differences in Opportunities? Wage, Employment and House-Price Effects on Migration [J]. Oxford Bulletin of Economics and Statistics, 2012, 74 (6): 831 – 855.

[304] Rappaport J. Consumption amenities and city population density [J]. Regional Science and Urban Economics, 2008, 38 (6): 533 – 552.

[305] Rappaport J. The increasing importance of quality of life [J]. Journal of Economic Geography, 2009, 9 (6): 779 – 804.

[306] Rappaport J. Moving to nice weather [J]. Regional Science and Urban Economics, 2007, 37 (3): 375 – 398.

[307] Rehdanz K, Maddison D. Climate and happiness [J]. Ecological Economics, 2005, 52 (1): 111 – 125.

[308] Rey S J. Spatial Empirics for Economic Growth and Convergence [J]. Geographical Analysis, 2001, 33 (3): 195 – 214.

[309] Rijnks R H, Koster S, McCann P. Spatial Heterogeneity in Amen-

ity and Labor Market Migration [J]. International Regional Science Review, 2018, 41 (2): 183 – 209.

[310] Rivera-Batiz F L. Increasing returns, monopolistic competition, and agglomeration economies in consumption and production [J]. Regional Science and Urban Economics, 1988, 18 (1): 125 – 153.

[311] Rogerson R J. Quality of life and city competitiveness [J]. Urban Studies, 1999, 36 (5 – 6): 969 – 985.

[312] Runciman W G. Relative deprivation and social justice: A study of attitudes to social inequality in twentiety-century England [M]. Berkeley: University of California Press, 1966.

[313] Schwartz J. Particulate air pollution and daily mortality in detroit [J]. Environmental Research, 1991, 56 (2): 204 – 213.

[314] Senik C. When Information Dominates Comparison. Learning from Russian Subjective Panel Data [J]. SSRN Electronic Journal, 2002 (88): 2099 – 2123.

[315] Shapiro J M. Smart cities: quality of life, productivity, and the growth effects of human capital. Review of Economics and Statistics [J]. Review of Economics and Statistics, 2006, 88 (2): 324 – 335.

[316] Sharp E B. Citizen demand-making in the urban context [M]. Tuscaloosa: University of Alabama Press, 1984.

[317] Silverman B W. Density Estimation for Statistics and Data Analysis [M]. London: Chapman and Hall, 1986.

[318] Simon C J. Human capital and metropolitan employment growth [J]. Journal of Urban Economics, 1998, 43 (2): 223 – 243.

[319] Sjaastad L. The Costs and Returns of Human Migration [J]. Journal of Political Economy, 1962, 70 (5): 80 – 93.

[320] Sobel M E. Asymptotic Confidence Intervals for Indirect Effects in Structural Equation Models [J]. Sociological Methodology, 1982, 13: 290 – 312.

[321] Stahl K. A note on the microeconomics of migration [J]. Journal of Urban Economics, 1983, 14 (3): 318 – 326.

[322] Stark, Oded. Rural-to-Urban Migration in LDCs: A Relative Deprivation Approach [J]. Economic Development and Cultural Change, 1984,

32 (3): 475 – 486.

[323] Sudmant A, Gouldson A, Millward-Hopkins J. Producer cities and consumer cities: Using production – and consumption-based carbon accounts to guide climate action in China, the UK, and the US [J]. Journal of Cleaner Production, 2018, 176: 654 – 662.

[324] Tabuchi T, Yoshida A. Separating Urban Agglomeration Economies in Consumption and Production [J]. Journal of Urban Economics, 2000, 48 (1): 70 – 84.

[325] Tapsuwan S, Macdonald D H, King D. A combined site proximity and recreation index approach to value natural amenities: An example from a natural resource management region of Murray-Darling Basin [J]. Journal of Environmental Management, 2012, 94 (1): 69 – 77.

[326] Tiebout C M. A Pure Theory of Local Expenditures [J]. Journal of Political Economy, 1956, 64 (5): 416 – 424.

[327] Todaro M P. A Model of Labor Migration and Urban Unemployment in Less Developed Countries [J]. American Economic Review, 1969, 59 (1): 138 – 148.

[328] Tripathy P K, Bandyopadhyay S, Pal S K. The role of community and lifestyle in the making of a knowledge city [J]. Urban Scale, 2007, 390 (2): 2281 – 2288.

[329] Ullman E L. Amenities as a Factor in Regional Growth [J]. Geographical Review, 1954, 44 (1): 119 – 132.

[330] Utar H, Ruiz L B T. International Competition and Industrial Evolution: Evidence From the Impact of Chinese Competition On Mexican Maquiladoras [J]. Journal of Development Economics, 2013 (105), 267 – 287.

[331] Van Praag B M S, Baarsma B E. Using Happiness Surveys to Value Intangibles: the Case of Airport Noise [J]. Economic Journal, 2005, 115 (500): 224 – 246.

[332] Veenhoven R. Is happiness relative? [J]. Social Indicators Research, 1991, 24 (1): 1 – 34.

[333] Velarde M D, Fry G, Tveit M. Health effects of viewing landscapes – Landscape types in environmental psychology [J]. Urban Forestry and Urban Greening, 2007, 6 (4): 199 – 212.

[334] Venables A J. Productivity in cities: self-selection and sorting [J]. Journal of Economic Geography, 2010, 11 (2): 241 –251.

[335] Waltert F, Schläpfer F. Landscape amenities and local development: A review of migration, regional economic and hedonic pricing studies [J]. Ecological Economics, 2011, 70 (2): 141 –152.

[336] Welsch H. Environment and Happiness: Valuation of Air. Pollution Using Life Satisfaction Data s [J]. Ecological Economics, 2006, 58 (4): 801 –813.

[337] Wen Z, Marsh H W, Hau K T. Structural Equation Models of Latent Interactions: An Appropriate Standardized Solution and Its Scale-Free Properties [J]. Structural Equation Modeling A Multidisciplinary Journal, 2010, 17 (1): 1 –22.

[338] Wenting R, Atzema O, Frenken K. Urban Amenities and Agglomeration Economies? [J]. Urban Studies, 2011 (48): 1333 –1352.

[339] Zhao X, Jr J G L, Chen Q. Reconsidering Baron and Kenny: Myths and Truths about Mediation Analysis [J]. Journal of consumer research, 2010, 37 (2): 197 –206.

[340] Zheng Siqi, Xu Yangfei, Zhang Xiaonan. Transit development, consumer amenities and home values: Evidence from Beijing's subway neighborhoods [J]. Journal of Housing Economics, 2016, 33 (9): 22 –33.